bibel leben

Herausgegeben von
Andrea Schwarz

ANTON ROTZETTER ist Kapuziner und lebt seit 1988 im Kloster Altdorf/Uri in der Schweiz. Er ist Autor zahlreicher Bücher zur franziskanischen und biblischen Spiritualität.

ANDREA SCHWARZ ist ausgebildete Industriekauffrau und Sozialpädagogin und heute in der Seelsorge und als Referentin tätig. Die vielfach übersetzte Schriftstellerin ist Herausgeberin von »bibel leben«.

ANTON ROTZETTER

Ich will das Morgenrot wecken

Die Botschaft der Psalmen

HERDER

FREIBURG · BASEL · WIEN

www.herder.de

Umschlagmotiv: © Corbis

Als Bibeltext ist zugrunde gelegt:
Die Bibel. Die Heilige Schrift
des Alten und Neuen Bundes
Vollständige deutsche Ausgabe
DIE BIBEL

Druck und Bindung:
fgb · freiburger graphische betriebe

Gedruckt auf umweltfreundlichem,
chlorfrei gebleichtem, säurefreiem Papier

ISBN 978-3-451-32168-9

INHALT

Im Erscheinungsjahr dieses Buches werden es fünfzig Jahre sein, seit ich aufgrund meiner Lebenswahl jeden Tag Psalmen bete. Bis heute habe ich nicht genug bekommen von diesem Schwarzbrot des geistlichen Lebens. Zwar gibt es immer wieder Stellen, wo mein Beten ins Stocken kommt. Das eine ist fremd, das andere so nicht mehr nachvollziehbar. Einige verlangen mentale Vorbehalte und Umdeutungen, andere müssen völlig fallen gelassen werden.

Vor ein paar Jahren habe ich bereits eine Anzahl Psalmen unter dem Titel »Stern des Messias« gedeutet und als Adventsbegleiter herausgegeben. Die Botschaft der Psalmen ist freilich das ganze Jahr hindurch von großer Bedeutung. Nun habe ich die Gelegenheit, ein Buch zu den Psalmen zu veröffentlichen, das nicht mehr in dieser Weise zeitlich gebunden ist.

Das Psalmenbuch der Bibel erfüllt zwei Funktionen: Einmal enthält es wichtige Gemeinschaftsgebete, die im jüdischen Tempelgottesdienst beheimatet sind, dann aber wurde es schon bald einmal zum privaten Betrachtungs- und Gebetbuch. Auch Jesus hat es ganz offensichtlich als solches gebraucht. Jeder Psalm ist, der eine weniger, der andere mehr, ein Kunstwerk und darum als einzelner Text zu lesen und nachzuvollziehen. Jeder ist in konkreten Situationen des Lebens entstanden oder für bestimmte Zwecke gedichtet worden.

Doch fanden diese 150 Psalmen mit der Zeit einen Redaktor, der aus ihnen ein zusammenhängendes Ganzes, also ein Buch machte. Er bindet zwei verschiedene Konzepte des geistlichen Lebens zusammen:

Das *mystische:* Das Psalmenbuch versteht sich zum Teil als Einübung in die Gottesbeziehung, die in immer noch größere Tiefen hinabsteigen oder sich in noch höhere Höhen hinaufschwingen kann. Es feiert die Verbundenheit mit Gott, und indem es das tut, eröffnet es immer größere Dimensionen und Horizonte.

Das *politische:* Das Psalmenbuch versteht sich zum anderen als Einübung in die messianischen Verheißungen. Gott will nicht nur im Innern der Seele wirken, sondern auch in der Geschichte. Er hat nicht nur etwas vor mit der Seele des einzelnen Menschen, sondern auch mit seinem Volk, ja mit allen Völkern der Erde und mit der ganzen Schöpfung. Er will Solidarität mit den Armen, Frieden, Gerechtigkeit und Lebensfülle für alle.

Der Redaktor des Psalmenbuches hat es verstanden, beide Vorhaben kunstvoll miteinander zu verweben. Entsprechend tue auch ich das in meinen Psalmendeutungen. Sie greifen darüber hinaus an vielen Stellen über die Grenzen des Ersten Testamentes hinaus und verstehen die Psalmen oft vom Geheimnis Jesu her. Dies ist deshalb legitim, weil der Gebrauch der Psalmen in der christlichen Liturgie und Meditation nicht einfach weggestrichen werden kann. Er gehört zur Wirkungs- und

Deutungsgeschichte, die keineswegs zu vernachlässigen ist, wenn man die Psalmen wirklich verstehen will.

Ich teile das Buch in vier Zehnereinheiten ein:

- Die erste Einheit versucht, die menschlichen Grundbedingungen aufzudecken: Wer bin ich eigentlich? Wo stehe ich überhaupt? In welcher Welt lebe ich?
- Die zweite Einheit bringt mehr als die erste Gott ins Spiel. Er soll helfen, die Not wenden, eine göttliche Revolution in der Welt veranstalten.
- Die dritte Einheit zeigt auf, wie Gott in die Geschichte eingreift und sich selbst in der Gestalt eines von ihm »erzeugten Sohnes« zum handelnden Subjekt macht. Es geht um den Messias, der im Namen Gottes eine andere Welt gestalten soll – und selber Opfer wird.
- Die vierte Einheit beschreibt das österliche Geheimnis Gottes, die Selbstvergegenwärtigung seiner historischen Wirkungen, seine bleibende Gegenwart, seine unwiderrufliche Verbundenheit mit den Menschen.

Lose folgt diese Einteilung einer alten geistlichen Logik, wie sie etwa im Exerzitienbuch des Ignatius von Loyola angezeigt ist. Ich möchte diese vier Einheiten »Harfen« nennen, nach der »Zehnsaitenharfe« (Ps 92,4), die ganz wesentlich mit David verbunden wird, dem Poeten und Sänger, dem viele Psalmen zugeschrieben werden. So könnte ein großer Zusammenklang entstehen, der unser Leben verzaubert.

Altdorf, November 2008 *Anton Rotzetter*

ERSTE HARFE:

In der Nähe Gottes

1. Psalm 1: Sich entscheiden müssen

1 Selig der Mann, / der nicht folgt dem Rate der Bösen, der nicht auf dem Weg der Sünder geht, / noch sitzt in der Runde der Spötter;

2 Der aber Freude hat am Gesetz des Herrn / und sinnt darüber bei Tag und bei Nacht.

3 Er gleicht einem Baum, / gepflanzt am Rande der Wasser, der Früchte trägt zu der Zeit und dessen Blätter nicht welken: / ja, alles, was er tut, es gelingt ihm.

4 Nicht so die Gottlosen, nicht so! / Sie sind wie Spreu, die im Winde verweht.

5 So werden die Gottlosen nicht bestehen im Gericht / noch die Sünder in der Gemeinde der Frommen.

6 Denn der Herr behütet den Weg der Gerechten, / doch der Weg der Sünder führt in den Abgrund.

Wenn ich wirklich jemand sein will, muss ich mich entscheiden. Je früher umso besser. Denn nur so werde ich greifbar, für andere erkennbar; nur so habe ich Charakter, Profil; werde ich zu einer gereiften Persönlichkeit. Sonst bleibe ich ein Waschlappen, den niemand in die Hände nehmen will.

Dennoch schiebe ich Entscheidungen immer wieder auf. Morgen, nächste Woche, nächsten Monat, nächstes Jahr und so nähere ich mich dem St. Nimmerleinstag, ohne je einmal wirklich gelebt zu haben. Bereits aus Liebe zu mir selbst sollte ich nicht länger zuwarten und mich für das Leben und die Lebendigkeit entscheiden.

Dabei geht es um eine Grundentscheidung, die allen anderen Entscheidungen vorausliegt. Ob ich diesen oder jenen Beruf ergreifen soll, Mutter oder Vater werden will, mich zu dieser oder jener Partei bekennen muss, hierher oder dorthin reisen soll – das alles ist wichtig und notwendig, das eine mehr, das andere weniger. All das ruft zur Entscheidung, aber ich kann mir dafür Zeit lassen, darf mir alles gut hin und her überlegen, darf einen Entscheidungsprozess auf mich nehmen, mich beraten lassen, um dann zu sagen: das ist es, was ich will, das sind die Verbindlichkeiten meines Lebens. Anders ist es bei der Wahl, die keinen Aufschub duldet. Denn jeder Tag, an dem ich nicht lebe, ist ein verlorener Tag.

Immer wieder stellt die Bibel vor diese Entscheidung: Wähle das Leben, nicht den Tod! (Dtn 30), den Weg, der zum Leben führt, nicht den Weg, an dessen Ende das Verderben steht (Mt 7,13). Diese dringliche Aufforderung findet im Frühchristentum eine literarische Ausgestaltung in der sogenannten »Zwölfapostellehre«, im Grunde nichts anderes als eine Ausdeutung der Bergpredigt. Da stehen ganz konkrete Entscheidungsaufforderungen wie diese: »Behalte dein Geld so lange in der Hand, bis es schwitzt und du genau erforscht hast, wem du es am besten als Almosen geben sollst« (Berger, Frühchristliche Schriften 303). Oder: »Hänge dich nicht an die in der Gesellschaft Angesehenen, sondern verkehre mit den Redlichen und den Geringen« (ebd. 304). Oder auch: »Weise den Bedürftigen nicht ab, sondern teile alle Güter mit deinem Bruder und deiner Schwester und behaupte nicht,

Ps 1 dass etwas nur dir persönlich gehört« (ebd. 305). Die ganze spätere Moral steht auf diesem Fundament, wenn sie den Menschen vor die Wahl stellt: entweder Tugend oder Laster! Immer geht es um »gut« oder »bös«, um das eine oder das andere. »Sein oder Nichtsein – das ist die Frage« (W. Shakespeare, Hamlet)! Und diese Frage ist so grundsätzlich und alles entscheidend, dass sie keinen Aufschub duldet. Die Antwort, zu der ich mich entscheide, definiert mich.

Freilich wird heute vielfach angezweifelt, ob ich überhaupt die Freiheit habe, die eine solche Wahl oder Entscheidung erst möglich macht. Experimente zeigen, dass der Mensch in den vielen Alltagsentscheidungen sozusagen vorprogrammiert ist. Das Ergebnis wird von entsprechenden Maschinen angezeigt, noch bevor Verstand und Wille dazu Stellung beziehen konnten. Und tatsächlich weiß ich selbst, wie sehr ich mich innerhalb vorgegebener Muster und Rollen bewege und wie viel durch das Blut und die Gene oder durch die Erziehung oder die Gewohnheit eingespurt ist. Umso wichtiger wird aber die Grundentscheidung zum Leben, die allen alltäglichen Entscheidungen vorausliegt und in diese eingehen muss.

So will ich mich entscheiden, zu mir und meiner Lebendigkeit, zu meinem unaustauschbaren Wesen, zu meiner leibhaften Gestalt in dieser Welt.

Gebet
Gott
Du bist frei
Du willst, dass auch ich frei bin
Gib mir Einsicht und Kraft
der Mensch zu sein, der dir gefällt
dein freier Sohn / deine freie Tochter
durch Christus unseren Herrn.

2. Psalm 119: Durchlässig sein für Gottes Weisung

1 Selig, deren Weg ohne Makel ist, / die wandeln im Gesetz des Herrn.

2 Selig, die seinen Weisungen folgen, / die von ganzem Herzen ihn suchen,

3 die verüben kein Unrecht, / die aber schreiten auf den Wegen des Herrn.

4 Du selber hast erlassen deine Gebote, / auf dass sie gehalten werden in Treue.

5 Wären doch meine Wege beständig, / zu befolgen, was du befohlen.

6 Dann werde ich nicht zuschanden, / wenn ich achte auf jedes deiner Gebote.

7 Aus lauterem Herzen will ich dich preisen, / wenn ich erlerne deine gerechten Beschlüsse.

Ps 119 Wie viele Psalmen beginnt auch dieser mit dem Wort »selig«. Psalm 1 – wir haben es gesehen – beschreibt diese Seligkeit in schönen Bildern: ein Mensch, der zu sich selbst gefunden hat und verwurzelt ist; das göttliche Quell- und Grundwasser fließt ungehindert in Geist, Seele und Leib; er wird blühen und Frucht bringen. Wer die Lebensfülle erfährt, der ist glücklich, selig; der kann mit einem geraden Rücken durch die Welt gehen. Wer sich nicht für diesen Weg entscheiden kann, ist Spreu. Und bereits ein schwacher Wind verweht ihn ins Land des Vergessens.

Der biblische Mensch ist sich im Klaren, dass die Anerkennung Gottes für die Menschwerdung des Menschen entscheidend ist. Er weiß: Ich bin Mensch nur dann, wenn ich mein Leben vor dem Antlitz Gottes verbringe. Ohne Gott bin ich weniger, als ich sein kann, ja eigentlich gar nichts, mit Gott aber alles.

Zwar sprechen wir heute oft von der Autonomie des Menschen. Und dies zu Recht. Es kommt wirklich darauf an, dass ich nicht mehr fremdbestimmt lebe; dass ich mich von anderen unterscheide; nicht mehr ohne weiteres das tue, was man tut; einfach das sage, was man sagt. Ich bin ein einmaliges, unaustauschbares Wesen. Ich muss mich von allem befreien, was mich zwingt und bedrängt.

Nur muss man aber gleich hinzufügen: In Tat und Wahrheit bin ich nur ich selbst, wenn ich *theonom*, das heißt auf Gottes Willen hingeordnet bin. Der Mensch »lebt von jedem Wort, das aus dem Mund Gottes kommt«

(Mt 4,4). Was tatsächlich nährt und trägt, das ist die Weisung Gottes. Nur im Dialog mit Gott bin ich Mensch.

Der Psalmist braucht in diesem großartigen Psalm 119 so viele Strophen, wie das Alphabet Buchstaben hat, und alle emotionale Kraft, um diese Weisung Gottes zu preisen. Da kann man nie genug Worte finden, um das zu benennen, was wirklich selig macht und lauter Wonne ist (Verse 16, 24, 77, 92, 99, 111, 143, 174). Da geht es nicht einfach um vordergründige Gesetze, die auch anders lauten könnten; nicht um von außen aufgedrängte Gebote, die meine freie Antwort infrage stellen. Da geht es vielmehr um ein sinnstiftendes Wort, um Orientierung und Perspektive, um Anspruch und Stimmigkeit, um eine göttliche Logik, die zu meiner Lebendigkeit und Dynamik führt. Da bleibt dann nur die Ekstase, das Fest, die Seligkeit, wenn man dies erleben darf.

In Psalm 1 war auch eine Methode angegeben, mit der ich mich mit dem beseligenden Wort Gottes beziehungsweise mit der Heiligen Schrift auseinandersetzen kann. Ein Wort halblaut vor mich hermurmeln, in die Stille hineinsprechen und für mich selbst hörbar machen, immer und immer wieder, stundenlang, bis es mein Inneres erfüllt. Im letzten Psalm 150 wird gesagt werden, dass sich die Begegnung mit Gott im Rhythmus meines Atems vollzieht. Denn dieser ist das Entscheidende, mir von Gott selbst eingehaucht, wie es im Schöpfungsbericht (Gen 2,7) heißt. Und zehnmal atmet sich der Betende, die Betende in die Abgründe Gottes zurück – so als müsste die Erhebung zu Gott den ganzen Dekalog durchdringen und die Erfüllung der Zehn Gebote erst möglich machen. Überdies hat das Buch der Psalmen fünf Bücher – wie auch die Tora, die Weisung Gottes (Pentateuch). Die Psalmen wollen mir helfen, die Heilige Schrift insgesamt verstehen zu lernen. Alles, was in der Bibel berichtet und gedichtet ist, soll ich persönlich aus-sprechen, aus-sagen und so in meinem Innern erklingen lassen. Alles soll Er-Innerung werden und gegenwärtig bleiben.

So wachse ich allmählich in mein eigenes Wesen hinein, wenn ich für Gottes Weisung durchlässig werde.

Gebet

Gott
Wenn Du rufst
lass mich erwachen
Wenn Du sprichst
lass mich hören
Wenn Du aufspielst
lass mich tanzen und glücklich sein
durch Christus unseren Herrn.

[2]*Ich will dich lieben, o Herr, meine Stärke, / [3]Herr, du mein Hort, meine Burg und mein Retter!*

[3]*Du mein Gott, mein Fels, auf den ich mich flüchte; / du mein Schild, meines Heiles Panier, meine Zuflucht.*

[4]*Den Herrn, den Hochgelobten, rufe ich an, / und sicher werde ich sein vor all meinen Feinden.*

[5]*Mich umgaben des Todes Fluten, / Wogen des Unheils erschreckten mich.*

[6]*Die Bande der Unterwelt schlossen mich ein, / es fielen über mich die Schlingen des Todes.*

[7]*In meiner Bedrängnis rief ich zum Herrn, / zu meinem Gott erhob ich mein Rufen.*

Und er hörte meine Stimme aus seinem heiligen Tempel, / meine Klage erreichte sein Ohr.

Dass Gott meine Seligkeit und meine Wonne ist, ist eine Verheißung, ein Ziel, das meinem Streben und Sehnen aufgegeben ist. Und in keiner Weise selbstverständlich.

Nur allzu oft erlebe ich das Gegenteil: Ich bin schwach und hinfällig; immer wieder erlebe ich mich haltlos und unsicher. Sumpfig ist der Boden immer wieder, und ich meine zu versinken; oder er zieht sich einfach unter meinen Füßen weg, und ich habe den Eindruck, immerzu nur zu fallen; oder plötzlich stehe ich vor einem Abgrund, der mich zu verschlingen droht. »Mitten im Leben sind wir vom Tod umfangen« hat Martin Luther einst gedichtet und dabei die *condition humaine* auf einmalige

Ps 18 Weise getroffen, die Grundbedingung meiner menschlichen Existenz. »Mich umgaben des Todes Fluten«, heißt es im Psalm.

Auch von außen werde ich immer wieder bedrängt, in die Enge getrieben. Was ist denn heute noch sicher? Ist nicht alles fragwürdig geworden? Welches sind denn noch die Werte, die mich durch das Leben tragen können? Auf welchen Menschen ist denn noch Verlass? Selbst der Lebenspartner ist mir nicht mehr sicher. Wird er bei mir bleiben, wenn ich ihn brauche? Traditionen zerfallen, Dogmen zerbröckeln, Staat und Kirche sind keine sichernden Instanzen mehr, Banken und Versicherungen fahren Milliardenverluste ein, das Geld verfault, die Renten sind auch nicht mehr sicher, die Korruption greift um sich, Polizei und Armee haben kein Rezept gegen die Gewalt, die Politik ist ohne Vision. Uns geht immer mehr die Luft aus: Selbst optimistische Prognosen zeigen eine Erwärmung der Erdoberfläche an, welche weltweit katastrophale Folgen haben wird. Und das ist ja eigentlich nur ein Aspekt der viel grundsätzlicheren Feststellung: Wir haben keine Hoffnung mehr, der Vorrat an Zukunft ist verbraucht.

Wenn ich die Augen wirklich aufmache, dann gibt es keine Sicherheiten: Nichts ist verlässlich, nichts vertrauenswürdig. Da ist kein Halt in dieser Welt. Zwar gibt es auch heute Gruppen und Bewegungen, welche uns glauben lassen wollen, dass es solche Sicherheiten gibt: Du musst nur diesen oder jenen Glaubenssatz annehmen, nur dieses oder jenes Gesetz beachten, nur diesen Vers aus dem Koran oder der Bibel zur Grundlage deines Lebens machen, nur dieses oder jenes Gebet sprechen, nur dieses oder jenes Ritual vollziehen, nur diese oder jene Pille schlucken – und dann wirst du leben für Zeit und Ewigkeit.

Fundamentalismus nennt man ein solch naives, aber oft auch gefährliches Verhalten. Schlimm genug, dass man sich einer Illusion hingibt, einer Täuschung, die sich an der Wirklichkeit vorbeimogelt und letztlich das wahre Leben hindert. Schlimmer noch ist, was damit meistens verbunden ist: die Intoleranz anderen gegenüber; die Unfähigkeit, in ein Gespräch treten zu können, bei dem Beweis und Argument eine weiterführende Rolle spielen; vor allem aber die Gewalt, mit der man auftritt. Gerade dies alles ist noch einmal Ausdruck von Angst und Unsicherheit.

Der biblische Mensch übersteigt alles Irdische. Nichts darin kann das Leben des Menschen sichern. Allein Gott kann dieser wesentlichen Ungesichertheit begegnen. Aber aufgepasst: nicht die Vorstellung, die ich mir von Gott mache, nicht die Art und Weise, wie ich ihn mir vorstelle. Nur Gott, wie er in sich selber ist, kann zum Halt werden, zum festen Boden, der mich trägt, zum erhabenen Fels, zur schützenden Burg.

Anders gesagt: nur ein Verhalten, das sich in das Geheimnis Gottes hineinwirft, eine radikale Umpolung der menschlichen Existenz kann das Leben sichern. Von alters her nennt man diese Umpolung »glauben«, wobei der Glaubensinhalt weniger ins Gewicht fällt als dieses Sichhineinfallen-Lassen in den göttlichen Ur-Grund. Die Grundübung des biblischen Glaubens ist die bedingungslose Anheimgabe an Gott. Ihm traue ich mich ganz und gar an, ihm überlasse ich meine Vergangenheit, meine Gegenwart und meine Zukunft.

Das meint das hebräische Wort für Glauben *aman*: sich an Gott festmachen, einige Psalmen sagen: sich an Gott hängen. Deshalb ist das Amen in der Kirche das kürzeste Glaubensbekenntnis: ein hochzeitliches Ja zum Geheimnis, das mich liebt und trägt und in dem ich Sicherheit und Heimat habe – für Zeit und Ewigkeit.

Gebet

Gott
Sicherheit und Heimat
Sei Du meinen Füßen
    Boden
meinem Herzen
    Heimat
meinem wankenden Leib
    Halt
und der ganzen Welt
    Zukunft
in Christus unserem Herrn.

4. Psalm 23: Heilige Sorglosigkeit

1 Der Herr ist mein Hirte, ich leide nicht Not; /
2 auf grünender Weide lässt er mich lagern. Er führt mich an Wasser der Ruhe, /
3 Erquickung spendet er meiner Seele.
Er leitet mich auf dem rechten Pfad, / getreu seinem Namen.
4 Und muss ich auch wandern im finsteren Tal, / ich fürchte kein Unheil, denn du bist bei mir.
Dein Stock und dein Hirtenstab, / die geben mir Zuversicht.
5 Du hast einen Tisch mir bereitet / vor den Augen der Feinde.
Du salbtest mein Haupt mit Öl, / mein Becher ist gefüllt bis zum Rand.
6 Es geleiten mich deine Gnade und Huld / durch alle Tag des Lebens.
Und wohnen darf ich im Hause des Herrn / solange ich lebe.

Die radikale Umpolung hat ein Vertrauen und eine Zuversicht zur Folge, die auch in der dunkelsten Nacht und in der tiefsten Schlucht noch anhalten. Wenn Gott der Boden ist, auf dem ich stehe – was kann dann noch passieren?

Man muss die Bilder einmal auskosten, eins nach dem andern: auf einer grünenden Weide liegen – an einen ruhigen See geführt werden – einen rechten Weg gehen – einen köstlich bereiteten Tisch vorfinden – das Haupt salben lassen – aus einem vollen Becher trinken dürfen – der Stock, der die Schafe vor dem Zugriff durch Raubtiere bewahrt – der Stab, der vorantreibt und die Richtung angibt – im Haus Gottes daheim sein dürfen. Und dann das Gegenbild: in einem finsteren und unheimlichen Tal wandern: Leiden, Not, Todesverfallenheit, Krise und was auch immer damit gemeint ist. Nichts wird zum Grund der Besorgnis, weil man die Sorge einem anderen übergeben hat, Gott, auf den Verlass ist. Die Bilder sind von jener Art, dass alle Gefühle und Affekte angesprochen werden.

Das Bild des Hirten berührt selbst die hartgesottenen Städter. Aber kann das ein Bild für Gott sein? Und indem ich so frage, bin ich bereits wieder herausgetreten aus dem neu gewonnenen Standpunkt. Ich habe die Umpolung rückgängig gemacht, habe mich zurückgenommen, lebe wieder in der Dunkelheit und Haltlosigkeit des bloß irdischen Daseins.

Trotzdem muss ich Fragen zulassen. Geschieht mir dann nichts Böses mehr? Darf ich denn so naiv glauben, dass ich nur ein Stoßgebet zum Guten Hirten schicken muss – und alles ist gut? Dass ich mich mitten in der schweren Krankheit nur an Gott wenden kann – und ich werde vom Tod verschont? Das dürfte doch wohl nicht gemeint sein: Der Blick auf Jesus von Nazaret zeigt, dass das Gebet immer unter dem Vorbehalt vollzogen werden muss: »doch nicht mein, sondern dein Wille soll geschehen« (Lk 22,42). Der Schrei der Verlassenheit, die tiefste Tragik, die undurchdringlichste Finsternis sind und bleiben Erfahrungen, die sich jeder harmlosen Beschreibung entziehen. So wird der Psalm zu einer Hoffnung, die durch diese Finsternis und diese unheimliche Schlucht hindurchführt, nicht aber davor bewahrt.

Die größten Heiligen verweisen immer wieder auf die dunkle Nacht der Sinne, in der es keine Gefühle und keine emotionale Stimmigkeit mehr gibt. Auch auf die noch schlimmere dunkle Nacht des Geistes, in der auch die logische Plausibilität und Sinnhaftigkeit verloren gehen. Verfinstert sich Gott selbst? Soll die Umpolung gerade durch die Nacht erprobt und verstärkt werden? Die romanhafte Schilderung Hiobs, der durch alle irdischen Höllen hindurch muss, schildert einen Gott, der mit dem Bösen eine Wette eingeht: Hiob wird durch alle Schicksalsschläge hindurch ein Glaubender bleiben. Gott selbst schickt in den Kampf – und freut sich, wenn der Mensch sich bewährt. Die Umpolung trägt.

Es bleibt noch der neutestamentliche Hinweis auf den Guten Hirten (Lk 15,4–7). Diese Geschichte ist die Ausdeutung der bedingungslosen Verbundenheit Jesu mit den Versagern und den Schuldigen, den Sündern und den Zöllnern, den Orientierungs- und Perspektivelosen. In der grundsätzlichen Liebespraxis Jesu vergegenwärtigt sich Gottes bedingungslose und voraussetzungslose Zuwendung zum Menschen. Diese Liebe ist gerade nicht vernünftig, sagt Jesus; sie entzieht sich jeder ökonomischen Vernunft: 99 Schafe in der Wüste schutzlos zurücklassen bedeutet deren sicheren Tod und letztlich auch den Tod des Hirten selbst; dem einen verlorenen Schaf nachzugehen ist darum Ausdruck einer irrationalen Liebe, der Verrücktheit des Liebenden. Erst die Liebe, die sich riskiert, ist Liebe – wie ja dann auch der Kreuzestod selbst zeigt: die Liebe, die zum Äußersten geht (Joh 13,1).

Ps 23 So wird das Vertrauen zum Guten Hirten erst recht bestätigt. Einem solchen Gott kann man sich wirklich anvertrauen. Die radikale Umpolung wirft alle Sorgen in die Liebe Gottes hinein.

Gebet

Gott
Guter Hirte
Ich übergebe Dir
    meine Sorgen
    meine Nächte
    meine Not
Bei dir ist alles in guten Händen
Lass mich hoffen gegen alles, was dagegenspricht
Durch Christus unseren Herrn.

5. Psalm 63: An Gott hängen

[Ein Psalm von David, als er in der Wüste Juda weilt.]

1Gott, du mein Gott, gar sehnlich suche ich dich; / es dürstet nach dir meine Seele.

2Nach dir verlangt mein Leib / gleich einem dürren, lechzenden Land ohne Wasser.

3So schaue ich aus nach dir im heiligen Zelt, / deine Kraft und deine Herrlichkeit möchte ich schauen.

4Denn besser ist deine Gnade als das Leben; / meine Lippen singen dir Lob.

5 Ich will dich rühmen mein Leben lang, / in deinem Namen Ps 63
erhebe ich meine Hände …
9 Meine Seele hängt an dir, / es hält mich fest deine Rechte.

Statt Nacht und tiefe Schlucht könnte man auch Wüste sagen. Gerade in der Wüste meldet sich der Durst in besonderer Weise. Die Sonne trocknet den Körper aus. Dazu kommen tödliche Gefahren: Ab- und Irrwege, wilde Tiere ... Und auch Menschen, die verderben wollen, Feinde, die nach dem Leben trachten. All das steht für das Gedränge und Getriebe, das uns so oft zuinnerst bedroht.

Gottesdurst, Gotteshunger – wir sehnen uns nach Gott, um bestehen zu können: Er ist das Wasser, das uns lebendig macht; die Nahrung, die uns am Leben erhält. Mehr noch: Er ist es, an dem unsere Seele hängt. Er ist die Hilfe, die wir brauchen. Er ist das Wesen, dessen Liebe uns ganz und gar durchdringt. Wie kann der Mensch anders, als sich an ihn hängen?

Auf dieses Wort kommt es an. Es ist dasselbe, das im Schöpfungsbericht in einem anderen Zusammenhang steht: »Darum wird der Mann seinen Vater und seine Mutter verlassen und sich an seine Frau binden, und sie werden zu einem Fleisch« (Gen 2,24). Es ist derselbe Drang, der Mann und Frau zueinander und den Menschen zu Gott treibt. Jeder braucht Hilfe, Ergänzung, jede will Bestätigung, Bejahung, Halt und Stütze – bis zur Verschmelzung.

So wird auch verständlich, warum Augustinus sagen konnte: »Unruhig ist unser Herz, bis es ruhet in Dir.«

Nicht nur die Not, sondern unser ganzes Wesen verlangt nach Gott, sehnt sich, bis es Erfüllung findet, ja eins wird in hin- und herfließender Liebe.

Auch das zweite Bild verweist auf diese »eheliche« Liebe: »Es hält mich fest deine Rechte« (63,9; 18,36). So heißt es in 1 Kor 6,17: »Wer dem Herrn anhängt, ist ein Geist mit ihm«. Und auch im sinnträchtigen Hohen Lied der Liebe, das in der späteren Ausdeutung durch die jüdische und christliche Tradition erotische Verhältnisse auf die Gottesbeziehung überträgt, steht der Satz: »Seine Linke liegt unter meinem Kopf, seine Rechte umfängt mich« (2,6).

Es sind also gleichzeitig zwei Nöte, die unseren Schrei nach Gott auslösen: Es ist die bedrohliche Enge, in die wir so oder anders, jetzt oder später, geraten und die unseren weiteren Weg grundsätzlich infrage stellt, der tödliche Zwang, dem wir hilflos und ohnmächtig gegenüberstehen, unsere Hinfälligkeit und Endlichkeit. Und dann ist es die Liebesbedürftigkeit, das Bedürfnis schlechthin: die Sehnsucht nach dem anderen, ja dem ganz Anderen, nach dem Wesen, das nicht nur ab und zu liebt, nicht fragmentarisch und zeitlich beschränkt, sondern grundsätzlich und immer und ewig.

Ob das Verhältnis auch umkehrbar ist? Ob Gott auch an mir hängt? Sicher nicht aus Not und Zwang heraus. Aber doch auch aus freier Zuneigung und in der Freiheit der Liebe, die sich in Abhängigkeit begibt. So heißt es in Psalm 18,36 gleich nach der Feststellung, dass Gott »mich stützt«, dass er »mich groß macht in seiner Herabneigung«, so die Übersetzung der Elberfelder Bibel. Franz von Assisi würde die Vorstellung von der Herabneigung Gottes, oder noch drastischer ausgedrückt, »vom heruntergekommenen Gott« (vgl. Gen 2,8) gefallen. Gott ging in seiner Liebe ein in die *necessitas* des Menschen, wie er sagt, in Bedürfnis und Not, in Zwang und Elend. Er macht sich also abhängig und »braucht« uns, um seiner Liebe in der Welt Raum zu geben. Und sagen Liebende nicht immerzu: »Ich brauche dich«? Und Gott sagt es zu uns.

Gebet

Gott
Lauter Frage bin ich
und Durst
Lauter Bedürftigkeit
und Not
Ich brauche Dich
Brauche mich
durch Jesus Christus unseren Herrn

6. Psalm 42: Nach Gott dürsten und hungern

2Wie die Hirschkuh verlangt nach dem Wasser der Quelle, / so verlangt, o Gott, meine Seele nach dir.

3Es dürstet nach Gott meine Seele, nach dem lebendigen Gott; / wann darf ich kommen und schauen das Angesicht Gottes?

Ps 42 *[4]Meine Tränen sind mir zum Brot geworden bei Tag und bei Nacht, / wenn sie täglich mir sagen: Wo bleibt nun dein Gott?*

[5]Das Herz geht mir über, wenn ich gedenke, / wie ich zog mit den Scharen des Volkes, wie ich zog vor ihnen zum Hause des Herrn / unter Jubel und Lobgesang in festlich froher Gemeinde.

[6]Was bist du bedrückt, meine Seele, / und warum stürmst du in mir?

Hoffe auf Gott, ich werde ihn wieder preisen / ihn, meinen Gott und mein Heil.

[7]Wie ist gebeugt meine Seele …

[10]Ich sage zu Gott: du mein Fels, / warum hast du meiner vergessen?

Was muss ich traurig umhergehn, / bedrängt vom Feind?

[11]Es trifft mich ins Mark, / wenn mich höhnen die Gegner, wenn sie täglich mir sagen: / Wo bleibt nun dein Gott?

[12]Was bist du bedrückt, meine Seele, / und warum stürmst du in mir?

Hoffe auf Gott, ich werde ihn wieder preisen / ihn, meinen Gott und mein Heil.

Liebende hungern und dürsten mehr als andere nach Gott. Die Sehnsucht wird umso stärker, je intensiver Gottes intime Liebe bereits zu den Grunderfahrungen gehört. Jedes Getrenntsein wird dann zur Qual.

Einmal betrachtete Angela von Foligno (gest. 1309) beim Eingang zur Oberkirche in Assisi die Kirchenfenster. Vor allem zwei Abbildungen trafen sie im Innersten: Jesus im Schoß seiner Mutter Maria und daneben Franziskus im Schoß Jesu, zweimal Innigkeit und Einssein. Da gerät Angela vor lauter Verwunderung in Ekstase und erlebt ihrerseits eine innige Verbundenheit mit dem Geheimnis des gegenwärtigen Gottes. Sie fühlt sich sozusagen in seinem Schoß. »Ich sah etwas Volles, eine unendliche Majestät, die ich nicht erfassen kann; aber es schien mir, alles Gute zu sein. Und viele Worte voll von Süßigkeit sagte er, als er wegging. Und mit großer Zärtlichkeit ging er weg, deutlich, und doch nahm er sich dafür die nötige Zeit. Als er gegangen war, begann ich, mit lauter Stimme zu schreien und zu rufen. Ich schrie ohne jede Scham und sagte die Worte: ›Liebe, Nichterkannte!‹ und: ›Warum verlässt du mich?‹ Ich konnte nichts anderes tun und sagen, als nur ohne Scham rufen: ›Nichterkannte Liebe, warum? warum? warum?‹ Es verschlug mir die Stimme, so dass man meine Worte nicht verstehen konnte. Er ließ mich in absoluter Sicherheit zurück, dass das Gott selber war. Und ich schrie und wollte sterben, und mein Schmerz, dass ich nicht starb, sondern weiter lebte, war groß. Und dann erschlafften alle meine Glieder« (zit. bei A. Rotzetter, Liebe – allem Leid entrissen, S. 108).

Die Gotteserfahrung, die hinter Psalm 42 steht, ist vielleicht anderer Art. Aber auch der Beter dieses Textes hat Gottes Nähe erfahren. Er hat früher an einer Wallfahrt zum Tempel teilgenommen, dabei ekstatische Lieder gesungen und vor Freude getanzt. Unterdessen ist alles in weite Ferne gerückt. Blass kann er sich noch erinnern, aber alles ist unwirklich geworden.

Was aber bleibt, ist das sehnsüchtige Verlangen, der

Ps 42 Durst – und wie ein röhrender Hirsch erlebt er sich. Inbrunst und Brunst bäumen sich auf und verlangen nach dem Feuer der Liebe, die sich vergegenwärtigt, nach dem Du, das sich zuneigt und in die Arme nimmt.

Aufmerksam zu machen ist auf den Begriff »Angesicht«: der Beter sucht das Gesicht, das Antlitz, die Zuwendung Gottes. Damit ist viel Grundsätzlicheres gesagt: Gott ist ein »Du«, eine Person. Weniger nicht! Natürlich ist Gott ganz anders, und der Begriff »Person« ist nur der Anfang der Weisheit. Aber damit ist gemeint: Ich bin liebend bejaht; da ist ein Herz, das für mich schlägt; jemand, der mich anruft, mit mir spricht; jemand, dem ich antworte, dem ich Lieder singen kann.

Freilich ist dieser Gott oft nur als Frage erfahrbar: Wann denn darf ich dich sehen? Wann kommst du auf mich zu? Wie lange noch muss ich warten? Und immer wieder bezieht sich die Frage auf den Zustand der Seele: Warum bin ich so traurig? So unruhig? Warum gleicht meine Seele einem aufgewühlten stürmischen Meer? Warum wird mir alles zur Last? Warum ist meine Seele nicht beschwingt, warum kriecht sie am Boden? Warum bedrohen mich Menschen? Warum ist jemand mir feind?

Solches Fragen wird selbst zum Gegenstand der Frage: Depression – vielleicht eine Frage nach Gott? Wann ist Traurigkeit und Melancholie bloß psychische oder charakterliche Tendenz? Wann Ausdruck einer geistlichen Krise? Wann Gottesdurst und Sehnsucht? Und wann brauche ich den Arzt? Hilfe kompetenter Mitmenschen? Unterscheidung tut not.

Gebet

Gott
Warum bist Du so weit weg?
Warum ist alles so schwer?
Du, Antwort
    antworte
Du, Antlitz
    leuchte
Du, Liebe
    nimm mich in die Arme
in Christus unserem Herrn.

7. PSALM 131: Sich selbst in die Arme nehmen

1 *O Herr, nicht hochmütig ist mein Herz, / nicht erhebe ich stolz meine Augen.*

Nach großen Dingen jage ich nicht, / nach Dingen, die mir zu hoch sind.

2 *Schweigen lehrte ich meine Seele, / und ich schaffte ihr Frieden.*

Wie ein Kind auf dem Schoß der Mutter, / wie ein Kind, so ruht meine Seele in mir.

3 *Israel, harre des Herrn / heute und immerdar.*

Gott lieben und sich selbst lieben gehören zusammen. Da zeigt sich uns das Bild, das wir in der Vision der Angela von Foligno bereits kennengelernt haben: das Bild von

Ps 131 der Mutter, die ihr Kind auf dem Schoß trägt. In anderen Übersetzungen ist das Bild noch intimer und verweist auf die Mutter, die ihr Kind stillt oder gestillt hat. Wie immer: Es geht darum, dass die Seele sich beruhigen konnte und nun zufriedengestellt ist. Der Psalm setzt voraus, dass ich mich zu mir selbst verhalte wie eine Mutter zu ihrem Kind. Ich muss meine Seele stillen; sie in ihren Grundbedürfnissen wahrnehmen, ihr Schreien hören – und dann eben beruhigen, befrieden. Wobei hinzuzufügen ist, dass das eigentliche Grundbedürfnis des Menschen ohnehin Gott ist.

Heute nennen wir dieses mütterliche Stillen der Seele Meditation. Wichtig ist, dass wir erkennen, dass wir Verantwortung tragen für das, was wir sind. Wir müssen alles tun, damit die Seele zu strahlen beginnt. Ich zitiere dazu einen etwas längeren Abschnitt von Maurice Zundel, dem Westschweizer Theologen: »All unsere Aktivitäten sind bis zu einem gewissen Grad austauschbar; die meisten könnten durch Maschinen getan werden. Die unaustauschbare Tat, das ist das Strahlen des Seins, das Lächeln der Güte, die Beschwingtheit des Herzens: das, was von innen kommt, als absichtslose Gabe. Dadurch ist jedes Sein notwendig und jedes Leben grenzenlos: Das Brot, das man kauft und verkauft, kann zum Symbol einer Kommunion werden, wenn die Hände, die sich berühren, und die Blicke, die sich begegnen, das Licht der Seelen durchscheinen lassen. Ist nicht das das größte Elend, dass so viele menschliche Reichtümer verloren gehen, dass so viele Wesen nur Zähleinheiten sind, dass so viele Gesichter nur anonyme Masken sind, die sie ihrem Milieu angleichen. Ah! Endlich sich selbst sein, so wie man vor Gott sein muss, ohne die Seele zurückzuhalten und ohne das Unendliche zu verleugnen, das als unerbittlicher Anspruch in einem selbst wohnt. Es gehört auf jeden Fall zu uns, dass wir diesen Anspruch anderen nicht aufzwingen. Vielmehr wollen wir sie umgeben mit einer solchen Demut und mit einer solchen Ehrfurcht, dass sie ihre eigene Seele entdecken und es wagen, diese Seele zum Ausdruck zu bringen. Es gibt kein größeres Werk als dies, und es gibt nichts, was notwendiger wäre. Nur indem der Mensch seine verdeckte Würde beachtet, wird der Mensch in seinem Geist das Heiligtum einer geheimnisvollen Gegenwart wiedererkennen.«

Sich selbst in die Arme nehmen, sich so wichtig nehmen, dass man Zeit hat, zur Ruhe zu kommen – das ist nicht egoistisch, wie viele meinen. Das ist vielmehr die unbedingte Voraussetzung für die Liebe zum Partner, für die Nächstenliebe, für das Engagement – und nicht zuletzt auch für das Gottesverhältnis.

Dazu passt, dass dieses Verhältnis als ein schweigendes begriffen wird. Es muss alles schweigen in mir, damit Gott zu mir reden kann. Die Seele muss still werden, damit sich der Glanz Gottes darin spiegeln kann. Ganz und gar passiv werden: warten, harren, sich in nichts erheben, nichts beanspruchen, arm und demütig werden. Gott wird sich in die gestillte Seele gießen. Oder besser: Er wird die stürmische Seele stillen.

Gebet

Gott
Letztlich bist Du die Mutter
die mich stillt
So will ich Dir entgegenhalten
meine Unruhe
meine Bedürfnisse
meine Sehnsucht
Lass mich den Frieden finden bei Dir
wenn ich jetzt schweige
und auf Dich warte
in Christus unserem Herrn.

8. Psalm 8: Sich in die Größe Gottes hineinziehen lassen

2 *Herr, unser Gott! Wie wunderbar ist auf der ganzen Erde dein Name! / Deine Herrlichkeit hast Du ausgebreitet über die Himmel.*

3 *Aus dem Mund der Kinder und Kleinen hast du dir Lob bereitet, / zu beschämen die Feinde; / Widersacher und Gegner müssen verstummen.*

4 *Ich schaue den Himmel, das Werk deiner Finger, / den Mond und die Sterne, die du geschaffen.*

5 *Was ist der Mensch, dass du seiner gedenkst! / Des Menschen Sohn, dass du Sorge trägst um ihn!*

6 *Du hast ihn nur wenig unter die Engel gestellt, / hast ihn gekrönt mit Ehre und Herrlichkeit.*

7Du hast ihm Macht gegeben über das Werk deiner Hände,
/ alles hast du ihm zu Füßen gelegt:
8All die Schafe und Rinder / und die Tiere des Feldes,
9die Vögel des Himmels und die Fische im Meer / und alles,
was dahinzieht die Pfade der Meere.
10Herr, unser Gott! / Wie wunderbar ist auf der ganzen Erde
dein Name!

Wie sehr der Mensch in Gott hineinwachsen kann, zeigt der großartige Schöpfungspsalm 8. Zu beachten ist freilich, dass wir es hier nicht mit einer bloßen Naturbetrachtung zu tun haben. Wie viele andere Psalmen beugt er sich betrachtend und reflektierend über das Wort Gottes, hier über den so genannten Schöpfungsbericht (Gen 1). Besser würde man von einem Schöpfungsgedicht sprechen. Darin offenbart sich Gott als Quelle, aus der alles hervorsprudelt; als Grund, dem alles entstammt; als Schönheit, die fasziniert; als Freiheit, die sich bewusst zur Schöpfungstat entschließt. Die Schöpfung ist kein unbewusster Vorgang; nicht etwas, was aus Gott heraus fließt, ohne dass er es merkt; auch nicht ein katastrophales Aufbegehren widergöttlicher Kräfte. Sie ist der grundlegende Akt der Offenbarung; sie ist die Bühne, auf der Gott erscheint, das sakramentale Zeichen, das er setzt, damit ich ihm begegne.

Der Mensch spielt darin eine besondere Rolle. Er ist Ebenbild Gottes: Vater, Mutter, liebende Selbstvergegenwärtigung, sorgender Hirt, wohlwollender König, behutsamer und schonender Gärtner. Er ist Repräsentant Gottes auf der Ebene der liebenden Zuwendung, der zum Leben erweckenden Zuneigung zu allem und jedem.

Wenn der Mensch heraustritt in die Weite des Alls und sich dieser Würde bewusst wird, dann kann es geschehen, dass er in einen Zustand gerät, der demjenigen der Weinseligkeit gleicht. Nicht von ungefähr ist diesem Psalm die Melodie eines Kelterliedes zugeordnet. Von geistlicher Trunkenheit ist ja dann auch an Pfingsten die Rede (Apg 2,13). Wer ganz und gar vom Heiligen Geist voll ist, der spricht in ganz neuen Sprachen. Selbst die Kinder und Säuglinge lallen Gottes Lob und erkennen die Wirklichkeit besser als angeblich Vernünftige (vgl. Mt 21,16). Der Mensch muss die Schönheit der Schöpfung bewundern und besingen – sonst ist er nicht auf der Höhe seiner selbst. Als Ebenbild Gottes weiß er um sich selbst und steht dem Urbild von Angesicht zu Angesicht gegenüber.

Freilich müssen wir hinzufügen, dass wir heute nicht mehr unmittelbar der Schöpfung Gottes gegenüberstehen. Auch die Natur ist nicht mehr die »reine Natur«, nicht mehr so, wie sie aus sich selbst heraus wäre, sondern so, wie sie der Mensch hinterlässt. Sie ist in vielfältiger Weise verändert und auch verfälscht. So findet man überall die Spuren des Menschen: auch Schrott leuchtet am nächtlichen Himmel wie Sterne; Abgase und Staubpartikel ergeben ein besonders schönes Abendrot.

Dennoch ist der nächtliche Himmel eine Ansprache Gottes, jedes Vogelgezwitscher eine froh machende Botschaft, das Größte des Großen und das Kleinste des

Kleinen eine Quelle geistlicher Inspiration, alles eine Ursache der Entzückung. Immer gibt es etwas zum Staunen. Selbst eine Bergtanne lädt zur Anbetung Gottes.

Nichts von Minderwertigkeitsgefühlen und von armseliger Selbstbezichtigung! Das Ebenbild Gottes darf sich nicht hinunterziehen lassen in Selbstmitleid oder falsches Sündenbewusstsein. Der liebende Blick Gottes reißt fort in seine eigene Weite und Größe hinein.

Gebet

Gott
Wenn Du erscheinst
    ziehst Du mich zu Dir
Wenn Du Dich zeigst
    werde ich emporgehoben
Wenn Du mich rufst
    werde ich aufgerichtet
Darum bitt ich Dich
    Erscheine
    Zeig Dich
    Rufe
durch Christus unseren Herrn.

9. Psalm 24: Gott wohnen lassen

1Des Herrn ist die Erde und was sie erfüllt, / der Erdkreis und die ihn bewohnen.

2Er ist es, der sie auf Meere gegründet, / sie festgefügt über Fluten.

3Wer darf hinaufgehn zum Berg des Herrn? / Wer darf stehn an seiner heiligen Stätte?

4Der reine Hände hat und ein lauteres Herz, / der seinen Sinn nicht lenkt auf Trug, / nicht lügenhaft schwört seinem Nächsten.

5Dieser wird gesegnet vom Herrn, / von Gott, seinem Helfer, empfängt er den Lohn.

6So geschieht es dem Volk, das ihn sucht, / das da sucht das Antlitz des Herrn.

7Ihre Tore, hebt hoch euer Haupt! / Erhebt euch, ihr uralten Pforten! / Dass Einzug halte der König der Herrlichkeit.

8Wer ist der König der Herrlichkeit?

Die Bewegung verläuft auch umgekehrt. Nicht nur werden wir in die Größe Gottes hineingerissen, er kommt auch auf uns zu; er will Wohnung bei uns nehmen.

Die Erde gehört ihm ohnehin. Sie ist der Raum, in dem Gott wohnt und seine Herrlichkeit aufscheint, ein Ort der Begegnung und der Feier. Er ist das Innerste der Erde, er bewohnt und erfüllt sie. Und doch übersteigt er seine Schöpfung. Gott ist immer größer. Es gibt für ihn keine irdische Fassung. An diese Tatsache erinnert der Prophet Jesaja: »So spricht der Herr: Der Himmel ist mein Thron und die Erde der Schemel meiner Füße. Was für ein Haus wollt ihr mir bauen und welcher Art ist der Ort meiner Ruhestatt? Hat doch alles dies meine Hand gemacht, alles dies gehört mir – Spruch des Herrn« (66,1f). Auch Salomon ist sich dessen bewusst, wie er bei der Eröffnung des von ihm erbauten Tempels betet: »Herr, du Gott Israels, kein Gott ist dir gleich, weder oben im Himmel noch hier unten auf der Erde! ... Ja, aber wohnt Gott wirklich mit den Menschen auf der Erde? Siehe, die Himmel und der Himmel der Himmel können dich nicht fassen, geschweige denn dieser Tempel, den ich erbaut habe. Doch wende dich zu dem Gebet deines Knechtes und zu seinem Flehen, Herr, mein Gott, indem du auf den Ruf und die Bitte hörst, die dein Knecht heute an dich richtet! Lass deine Augen geöffnet sein über diesem Haus bei Nacht und bei Tag, über der Stätte, von der du verheißen hast: Mein Name soll dort wohnen. Höre auf das Gebet, das dein Knecht an dieser Stätte verrichtet« (1 Kön 8,22ff).

Was ist das doch für eine Aussage! Gott lässt sich nirgendwo einsperren, weder in Gedanken noch in Häuser, weder in Dogmen noch in Rituale, weder in Hostien noch in Tabernakel. Gott ist immer größer als wir und alles, was wir für Gott aufbauen können. Kirchen, Synagogen, Tempel, Pagoden, Moscheen sind nur Orte des Rufens, Räume des Herbeisehnens Gottes. Da wohnt sein Name, seine Anrufbarkeit. Gott aber ist noch um Unendlichkeiten größer.

Paradoxerweise neigt sich aber Gott in unser Rufen und Sehnen hinein. Er kommt und will unter uns wohnen. Der Psalm ist sich da sicher: Gott kommt in seine Stadt. Wir müssen die Tore öffnen, damit er mit seiner Herrlichkeit einziehen kann. Offenheit ist alles, Empfänglichkeit die Grundhaltung, Erwartung und Sehnsucht Voraussetzung.

Gottes Sehnsucht, unter den Menschen zu wohnen, besteht von Anfang an. Gott will nicht nur in der Weise durchscheinender Gegenwart in der Schöpfung sein, er will sich in ihr selbst vergegenwärtigen, personal, wenn auch auf geschöpfliche Weise, in einem konkreten Menschen, in Jesus von Nazaret. Johannes bedauert zunächst, dass wir Menschen das Dasein Gottes in der Welt nicht wahrgenommen haben. Wir, die Seinigen, haben ihn nicht aufgenommen. »Allen aber, die ihn aufnahmen, gab er Macht, Kinder Gottes zu werden, … Und das Wort ist Fleisch geworden und hat unter uns gewohnt und wir haben seine Herrlichkeit geschaut, eine Herrlichkeit, wie sie der einzige Sohn vom Vater hat, voll Gnade und Wahrheit« (Joh 1,12–14). Die ganze Welt ist Haus, Wohnung, ja Tempel Gottes. In Jesus ist Gott mir und der ganzen Welt gegenwärtig, in ihm kann ich Gott anbeten, in dieser Person begegnen sich Gott und Mensch.

Auf dieser Linie liegt dann auch die Entgrenzung, die Jesus vollzieht. Es gibt keine Orte mehr, wohin man pilgern, keine Tempel oder Gotteshäuser mehr, die man aufsuchen muss, um Gott zu begegnen. Weder nur da oder nur dort, weder nur in Jerusalem noch nur auf dem Berg Garizim findet die wahre Anrufung und Anbetung Gottes statt, sondern überall, wo sich der Mensch gewordene Gott, der gekreuzigte, aber auferstandene Christus vergegenwärtigt. Überall, wo sich Gott als alles durchdringende Lebendigkeit erfahrbar macht, im »Geist und in der Wahrheit« (Joh 4,23), entsteht unmittelbar das Haus, in dem Gott wohnt. Damit werden zwar Gotteshäuser nicht überflüssig; sie sind weiterhin psychologisch notwendig. Aber die Bedenken gegen menschlich erstellte Wohnungen für Gott, wie sie bei Jesaja und Salomon geäußert wurden, werden sogar verstärkt.

Teresa von Ávila spricht von der »Inneren Burg«. Sie lässt sich von Mk 6,55 leiten, wo es in der lateinischen Vulgata-Übersetzung des Neuen Testamentes heißt, Jesus sei in ein *castellum* gekommen. Was wir mit »Dorf« übersetzen, übersetzt Teresa mit »Burg«. Sie identifiziert sich und versteht sich selbst als eine Burg, in die Christus beziehungsweise Gott einziehen will. Und dann beschreibt sie die Wohnungen Gottes in ihr, die Weisen, in denen sich Gott ihr zeigt, oder umgekehrt den fortschreitenden Weg, den sie mit Christus oder Gott geht – hinein in die unbeschreiblichen Urgründe menschlicher Existenz. Wie um eine spiralförmige Treppe sind diese Wohnungen angelegt. Gott will immer intensiver und intimer in Teresa wohnen, immer tiefer, höher, inniger, bis er mit ihr das Hochzeitsfest feiert – für immer und ewig.

Ps 24 **Gebet**

Gott
Du willst in mir wohnen
Sei mir willkommen
Ich will Dich
umfangen
hüten
wirken lassen
durch Christus unseren Herrn.

10. Psalm 150: Verbunden mit allem, was lebt

[1]Halleluja! Lobt den Herrn in seinem Heiligtum, / lobt den
Herrn in seiner mächtigen Feste!
[2]Lobt ihn für seine gewaltigen Taten, / lobt ihn in seiner
herrlichen Macht!
[3]Lobt ihn mit dem Hall der Posaunen, / lobt ihn mit Psalter
und Harfe!
[4]Lobt ihn mit Pauken und Reigen, / lobt ihn mit Flöten und
Saitenspiel!
[5]Lobt ihn mit klingenden Zimbeln, / lobt ihn mit dem
Schall der rauschenden Zimbeln!
[6]Alles, was Atem hat, / lobe den Herrn! Halleluja!

Gott in mir, ich in Gott, Gott in allem, ich in allem, alles in mir. Dies besingt Psalm 150, der schon mit Psalm 1 angezielt wurde: eine Mystik, die alles umfasst und durchdringt und deshalb zu einem Zustand führt, der sich als ein Ineinander von totalem Inne-Sein und völligem Außer-sich-Sein darstellt.

Gewiss ist dies ein Paradox. Aber wie will man anders als in Widersprüchen reden? Innenschau und Außenschau sind identisch: das Innerste erstreckt sich auf alles, was ist. Verstummen und Jubel verbinden sich zu einer Einheit.

Eigentlich enthält schon das eine Wort, das den ganzen Psalm einrahmt, alles, was zu sagen ist: Halleluja! »Preist JHWH!« müsste man übersetzen, wobei der Name Gottes in der Schlusssilbe eher verhüllt ist. Preist das Geheimnis, das sich vergegenwärtigt, das in allem da ist – als liebendes und befreiendes Angesicht!

Hingewiesen habe ich schon auf den zehnmaligen Aufruf: »Lobt ihn!« Den Zehn Geboten voraus geht der befreiende Gott, so dass nichts mehr einfach Gebot und Gesetz ist, sondern ein Fluss, der aus der Gegenwart Gottes ins ethische Verhalten fließt. Eigentlich wie selbstverständlich: kein Müssen und Sollen, sondern ein Dürfen und ein Antworten auf die vorausgehende Liebe. Dieser Lobgesang soll den Körper erreichen, wir sollen tanzen vor Lust und Laune. Und alle Musikinstrumente sollen die Verlängerung der Stimmbänder und des Brustkorbes sein und die seligsten Melodien entlassen.

Das Streben derer, die sich betend zu Gott erheben, ist die Verbundenheit mit allem, was lebt. Nicht nur in dem Sinne, dass wir zum Zwitschern der Vögel einen Text machen oder dem Leuchten der Sonne eine Sprache geben. Das alles ist schön, ja wunderbar, aber der Psalm geht über eine solche menschenzentrierte Sicht hinaus.

Wir verbinden uns mit allen lebendigen Wesen. Nicht nur wir tragen nach Auffassung der Bibel den göttlichen Odem in uns. Die *Ruach,* wie der Atem auf Hebräisch heißt, haucht Gott nicht nur den Menschen ein (Gen 2,7), sondern auch dem Tier: »Denn jeder Mensch unterliegt dem Geschick, und auch die Tiere unterliegen dem Geschick. Sie haben ein und dasselbe Geschick. Wie diese sterben, so sterben jene. Beide haben ein und denselben Atem. Einen Vorteil des Menschen gegenüber dem Tier gibt es da nicht. Beide sind Windhauch. Beide gehen an ein und denselben Ort. Beide sind aus Staub entstanden, beide kehren zum Staub zurück. Wer weiß, ob der Atem der einzelnen Menschen wirklich nach oben steigt, während der Atem der Tiere ins Erdreich hinabsinkt?« (Koh 3,19ff). Angesichts solcher Aussagen sollte die Selbstgewissheit, mit der wir Menschen uns in die Mitte stellen, ins Wanken geraten. Die biblische Welt bezieht den lebendig machenden Odem Gottes, den wir dann auch als Heiligen Geist identifizieren dürfen, auf »alles Fleisch«: »Und alles Fleisch soll Gottes Heil schauen« (Lk 3,6), gemeint ist letztlich alles, was Leben in sich trägt, aber sterben muss und untergeht. Wir verbinden uns mit der ganzen Schöpfung und fühlen uns mit ihr verbunden in der gemeinsamen Hoffnung, dass Gott Tote erweckt und nichts ins Nichts zurückfallen lässt.

Mehr noch: Thomas von Aquin sprach auch von der Pflanzenseele, ja, sogar von dem geistigen Prinzip, das die

Materie durchdringt. Alles, was ist, lebt nicht aus sich heraus, bezieht sein Dasein nicht aus eigener Mächtigkeit. Gott ist es, der alles im Dasein hält und trägt. Wer sich im Gebet zu Gott erhebt, kommt mit dem Schöpfer in Kontakt.

In dem Maße wie ich zu Gott gelange, komme ich zu mir, aber auch zu allem, was ist. Gott ist Eines in Allem. Verbunden mit allem und eins mit Gott will ich atmen und sein und leben und loben.

Gebet

Gott
Du in allem
    und alles in Dir
Du in mir
    und ich in Dir
Ich in allem
    und alles in mir
Alleluja – Gepriesen bist Du
in Jesus Christus unserem Herrn.

ZWEITE HARFE:

Das große Erwachen

11. Psalm 123: Aufblick

[1]Ich erhebe meine Augen zu dir, / der du thronst im Himmel.

[2]Siehe, wie die Augen der Knechte auf die Hand ihres Herrn / und wie die Augen der Magd auf die Hände der Herrin,

so blicken unsere Augen zum Herrn, unserem Gott, / bis er sich unser erbarmt.

[3]Erbarme dich unser, Herr, erbarme dich unser! / Denn übersatt sind wir von Schmach.

[4]Übersatt ist unsere Seele / vom Gespött der Satten und vom Hochmut der Stolzen.

Die erste »Harfe« spannte den großen Bogen von der Entscheidung des Einzelnen, den Weg zu Gott zu gehen, bis hin zu jenem mystischen Zustand, in dem alles, was atmet, eins ist. Der große Atem in mir, mein Atem in allem – eine großartige Gottesdynamik!

In der zweiten »Harfe« geht es nun noch mehr um die *condition humaine,* um die historischen und gesellschaftlichen Bedingungen, unter denen sich der Mensch vor Gott ausspricht.

Blind wäre ich ja, wenn ich die Wirklichkeit, in der ich stehe, mit einer rosaroten Brille anschaute. Natürlich sehe auch ich gerne von Berggipfeln hinunter in fruchtbare Täler, und schön ist es, mich in der freien Luft zu bewegen und mich frei zu fühlen. Aber gibt es da nicht noch anderes? Ist das die alltägliche Bedingung meiner menschlichen Existenz?

Vor Jahrzehnten habe ich mich wie andere auch aufgelehnt gegen das *Salve Regina,* dieses großartige Lied aus dem 11. Jahrhundert.

Sei gegrüßt, o Königin, / Mutter der Barmherzigkeit; / unser Leben, unsere Wonne und unsere Hoffnung sei gegrüßt! / Zu dir rufen wir verbannte Kinder Evas; / zu dir seufzen wir trauernd und weinend in diesem Tal der Tränen. / Wohlan denn, unsere Fürsprecherin, / wende deine barmherzigen Augen uns zu / und nach diesem Elend zeige uns Jesus, / die gebenedeite Frucht deines Leibes! / O gütige, o milde, o süße Jungfrau Maria.

Zu den »verbannten Kindern Evas« wollten wir uns nicht zählen, ebenso wenig fühlten wir uns »im Tal der Tränen« oder gar im »Exil«. Das Grundgefühl des Lebens war: Wie schön ist es doch, leben zu dürfen, da zu sein! Das empfinde ich auch heute noch so. Aber heute weiß ich auch, dass die tatsächlichen Lebensbedingungen sich nicht erschöpfen in der romantischen Betonung des Guten, Schönen und Wahren. Es gibt auch das Böse, das Zerstörende, Lug und Trug in dieser Welt.

Ich selbst spüre Begrenzungen und Schwächen, Leiden und Beschwerden. Nur allzu oft gerate ich zwischen Stuhl und Bank oder gar zwischen Mühlsteine. Und dann der Blick in die Welt: so viele Hungertote, so viele Opfer der Gewalt, so viel Not und Tod, immense Armut und ein Meer von Leiden – und das zum großen Teil menschlich verschuldet, und ich darin verwoben.

»Die Wurzel für den Menschen ist der Mensch selbst … Die Kritik der Religion endet mit der Lehre, dass der Mensch das höchste Wesen für den Menschen ist, also mit dem kategorischen Imperativ (= dem unbedingten

Gebot), alle Verhältnisse umzuwerfen, in denen der Mensch ein erniedrigtes, ein geknechtetes, ein verlassenes, ein verächtliches Wesen ist ...« (K. Marx, Frühschriften 76). Natürlich ist der Mensch für den Menschen nicht das höchste Wesen. Das ist und bleibt Gott. Aber das andere stimmt: Wir leben nicht wirklich in der Heimat, sondern in der Fremde, weit weg von dem Land, in dem es uns grundsätzlich und eigentlich für Zeit und Ewigkeit wohl ist; wir leben im »Elend«, sagte man früher. Wir sind oft oder gar meist nicht bei uns selbst, geschweige denn mit uns identisch; wir sind nicht wirklich frei, glücklich nur für Augenblicke. Zu viel Ungemach gibt es da und dort, kein Gemach, in dem wir uns für immer bequem einrichten könnten. Oder mit den Worten des Psalmisten: Solange wir auf Erden sind, gibt es Schmach, Kränkungen, Verachtung; immer wieder sind wir dem Gespött und dem Hochmut anderer ausgesetzt. Der Mensch bleibt erniedrigt, geknechtet, verlassen, verächtlich, die einen mehr, die anderen weniger. Und nach wie vor schreien wir nach einer radikalen Wende aller Verhältnisse.

Bezeichnend ist darum auch die Metapher, welche der Psalm für den Beter, die Beterin verwendet: Knecht, Magd – also letztlich der Freiheit beraubte, von anderen abhängige Wesen. Der Blick wendet sich nach oben; die Sehnsucht strebt nach Erlösung und Freiheit, nach Heimat und Geborgenheit, nach wirkungsvoller Hilfe und erfahrbarer Verbesserung der Lebensumstände. Im *Salve Regina* richtet sich der Blick auf die »Mutter der Barmherzigkeit«, in

Psalm 123 auf die Hand des Herrn oder der Herrin. Wir erwarten ein stimmiges Leben, Glück, Zuwendung, und wir seufzen, schreien, heulen und weinen. So gehäuft und drastisch sagt es Hermann der Lahme. Der Psalm dagegen setzt weniger auf Worte, denn auf Inständigkeit und Beharrlichkeit: Den Blick aushalten, dehnen, mit dem Schauen nicht aufhören, bis die Antwort kommt. Das kann lange gehen und ist oft ein geduldiges Warten.

Was wir erwarten, das ist letztlich und vor allem die Barmherzigkeit Gottes. Wir sprechen – solidarisch mit allen Menschen – Gott an in seiner unerschöpflich helfenden Liebe, in seinen »Eingeweiden«, bei seinen mütterlichen Eigenschaften. Denn wir glauben: Gott hat ein Herz für die Elenden, Barmherzigkeit ist sein Wesen. In besonderer Weise empfindet er mit den Armen und Bedürftigen.

Gebet

Gott
Wir schauen und schauen
und schreien und schreien
Sieh uns an
Hör uns
Hab ein Herz für uns und all die Armen
dieser Welt
Darum bitten wir
durch Christus unseren Herrn.

1*Herr, streite mit ihnen, die gegen mich streiten, / kämpfe nieder, die mich bekämpfen!*
2*Ergreife Waffen und Schild / und erhebe dich, mir zu helfen!*
3*Schwinge den Speer und gebiete Halt den Verfolgern! / Sag
meiner Seele: Ich bin dein Heil …*
5*Sie sollen sein wie Spreu vor dem Wind, / es treibe sie fort
der Engel des Herrn …*
8*Es komme über sie ein jähes Verderben, / das Netz, das sie
legten, fange sie selbst; / in die Grube, die sie geschaufelt, sollen
sie fallen.*
9*Meine Seele aber wird frohlocken im Herrn, / wird seiner
Hilfe sich freuen.*
10*Verkünden mögen es all meine Kräfte: / Wer ist wie du,
o Herr?*
*Der du den Schwachen entreißest der Übermacht, / den
Armen den Händen des Räubers …*
23*Wach auf, zu meinem Schutz erhebe dich! / Mein Gott
und mein Herr, führe du meine Sache!*
24*Schaffe mir Recht, o Herr, nach deiner Gerechtigkeit; /
mein Gott, sie sollen sich meiner nicht freuen …*
28*Und meine Zunge soll künden deine Gerechtigkeit, /
immerdar soll sie verkünden dein Lob.*

Angesichts der ungerechten Verhältnisse in der Welt formulierte Karl Marx den kategorischen Imperativ: Der Mensch soll sich erheben und die menschlichen Bedingungen so verändern, dass der Mensch wirklich Mensch sein kann. Psalm 35 ist ebenfalls ein solcher Imperativ. Allerdings nicht ein ethischer, sondern ein theologischer: Gott soll erwachen, er soll sich erheben, er soll doch bitte die Sache der Armen, Verfolgten, Ausgebeuteten, ungerecht Behandelten ergreifen.

Und dann entfaltet der Psalm das ganze Gewaltarsenal, das die Sprache zur Verfügung stellt. Gott soll das Verderben über die Feinde bringen, über jene, die die Würde der Menschen mit Füßen treten, über die Frevler, wie sie im Psalmenbuch immer wieder genannt werden. Gott soll sie vernichten. Spreu sind sie schon in Psalm 1 und auch jetzt wieder. Der Wind Gottes soll sie aufwirbeln und ins Nichts und ins Vergessen wegblasen. Bestand sollen sie auf jeden Fall nicht haben. Sie sollen in die Gruben fallen, die sie andern gegraben, umgarnt werden von den Netzen, die sie selbst geflochten haben.

So großartig diese Bilder sind, der heutige Mensch distanziert sich von diesem Arsenal. Im Namen der Gewaltlosigkeit, fügt man gerne hinzu.

Das ist grundsätzlich richtig: Vom Gottesglauben darf nach heutiger Erkenntnis keine Gewalt ausgehen, und Jesus, auf den viele Verse dieses Psalms anwendbar sind, ist ja gewaltlos geblieben bis in den Tod. Er hat Gewalt erlitten, nicht aber angewandt, um das Reich Gottes zu verwirklichen. Man könnte mit vielen Belegen hinzufügen, dass die Heilige Schrift bereits des Alten Testamentes die Gewalt überwinden will, gerade auch indem sie Gewalt beschreibt. Ebenso gehört es zum klaren und verheißenen Ziel: Letztlich sollen alle Völker zur Stadt Jerusalem hinfinden, in die Stadt des Friedens.

Dies gesagt, lässt sich dennoch fragen, ob wir mit unserem Unverständnis solchen Texten gegenüber nicht voreilig sind. Denn erstens urteilen wir am grünen Tisch. Wir sehen zwei Parteien: hier der Beter, der nach der Gewalt Gottes ruft, und dort gewalttätige Feinde, die mit der Gewalt Gottes überwunden werden sollen. Wir nehmen einen dritten, angeblich objektiven Standpunkt ein und vergessen, dass der Autor des Psalms ein Verfolgter ist, ein Armer, der äußerste Not erleidet. Da kann es doch keine Neutralität geben, keine bloß objektive Betrachtung der Situation. Das hieße, dem Unrecht zum Sieg verhelfen.

Letzthin beteiligte ich mich an einen Bibelgespräch über die Geschichte vom reichen Mann und dem armen Lazarus (Lk 19,16–31). Da sagte ein Teilnehmer: Gott sei unbarmherzig gegenüber dem reichen Mann, der dem Lazarus so unbarmherzig begegnet ist. Wie will der Teilnehmer denn wissen, wie die Geschichte schließlich dann ausgeht? Und wo kommen wir hin, wenn wir Barmherzigkeit fordern gegenüber den Unbarmherzigen, noch bevor die Notleidenden Barmherzigkeit erfahren haben? Die »gewalttätige« Sprache ergibt sich aus der konkreten Notlage der Armen, die da beten. Sie fordert zunächst Parteinahme, nicht Distanzierung, Identifikation, nicht distanziertes Urteil, Leidenschaft, nicht Gleichgültigkeit.

Gewaltsprache im Gebet ist im Übrigen noch einmal etwas anderes als die Gewaltsprache in Predigten, Zeitungen, Büchern, Polemik und Propaganda. Im Gebet wendet sich der Mensch, der sich verteidigen muss und um Rettung schreit, an Gott. Dieser soll handeln, er soll die Not wenden, er soll die ungerechten und lebensbedrohlichen Verhältnisse verändern. Gott wird seine Wege finden; der Beter, die Beterin bittet zwar darum, Gott möge Gewalt anwenden, aber er muss es Gott überlassen, ob er auf diese Weise retten will. Statt selber Gewalt anzuwenden, begibt sich der Beter, die Beterin in die Hände Gottes. Und dieser wird hoffentlich die Gewalt aus dem Herzen nehmen und versöhnlich stimmen. Schließlich ist Gott derjenige der sagt: Ich bin dein Heil!

Gebet

Gott
Ein Gott der Armen bist du
Hilf ihnen
Zeig mir, wie ich solidarisch sein kann
Und Du bist ein Gott auch derer, die Unrecht tun
Bekehre sie
Gib ihnen Einsicht
Lass sie dem Leben dienen und nicht dem Unglück
Darum bitten wir
durch Christus unseren Herrn.

13. Psalm 44: Hoffen in aussichtsloser Lage

2 O Gott, wir haben vernommen mit eigenem Ohr, von dem Werke, das du vollbrachtest in den Tagen der Vorzeit mit eigener Hand.

3 Du warst es, dessen Hand die Heiden vertrieb, jene aber pflanztest du ein; / Völker zerschlugst du, sie aber ließest du wachsen.

4 Denn nicht mit eigenem Schwert haben sie erobert das Land, / Sieg gewann ihnen nicht der eigene Arm.

Deine Rechte war es, ja, dein mächtiger Arm und dein leuchtendes Angesicht; / denn du hast sie geliebt …

10 Nun aber hast du uns verworfen und hast uns verschmäht, / nicht mehr ziehst du, o Gott, mit unseren Heeren …

12 Du gabst uns preis wie Schafe, die man hinführt zum Schlachten, / du zerstreutest uns unter die Heiden.

13 Verkauft hast dein Volk um nichtigen Kaufpreis, / und wenig hast du gewonnen aus solchem Erlös.

14 Du machtest uns zum Spott unserer Nachbarn, / zum Hohngelächter für alle ringsum …

18 Dies alles kam über uns, / und wir haben dich doch nicht vergessen, / nicht gebrochen haben wir deinen Bund.

20 Als du uns schlugst am Ort der Trübsal, / als du uns hülltest in Finsternis …

21 Hätten wir je vergessen den Namen unseres Gottes, / unsere Hände zu fremden Göttern erhoben:

23 Nein, deinetwegen werden wir ständig gemordet, / behandelt wie Schafe, zum Schlachten bestimmt.

24 Wach auf! Warum schläfst du, o Herr? / Erhebe dich und verstoße uns nicht auf immer!

25*Warum verbirgst du dein Angesicht, / vergisst unser Elend und unsere Drangsal?*

26*Denn niedergetreten ist unsere Seele zum Staub, / es haftet unser Leib an der Erde.*

27*Erhebe dich, komm uns zu Hilfe, / in deinem Erbarmen erlöse uns!*

Immer wieder erhofft der alttestamentliche Beter eine göttliche Revolution. Gott soll sich mit aller Gewalt auf die Seite derer schlagen, die Unrecht erleiden und keine andere Hoffnung mehr haben als eben diesen Gott. Dass wir in der gesicherten und privilegierten Position bürgerlicher Existenz für diese leidenschaftlich engagierte und nach Gewalt schreiende Sprache kein Verständnis haben, ist natürlich.

Vielleicht ist aber gerade die Erfahrung der Gewalt sogar eine Begründung für den Glauben an ein höheres Wesen. Gewalt ruft nach Gegengewalt. Um diesem ewigen Kreislauf zu entkommen, will man sich in die Hand Gottes begeben. Er mag Gewalt ausüben, wenn es denn notwendig sein sollte. Er ist ja der Herr über Leben und Tod, ihm gehört das Gewaltmonopol. Natürlich ist das immer noch nicht jener Gott, aus dessen Antlitz alle Züge der Grausamkeit und Gewalt »herausoperiert« (E. Biser) sind. Noch weit ist dies entfernt von jenem gewaltlosen Gott, der dann vor allem von Jesus von Nazaret, aber auch schon vor ihm, bezeugt wurde. Aber immerhin: Man gibt die Gewalt aus der Hand. Gott soll mit seiner Gewalt die Verhältnisse umwerfen.

Ps 44 Psalm 44 beschreibt die Erfahrung, dass Gott seine Gewalt aus irgendwelchen Gründen hier und jetzt nicht gebraucht. Früher, ja, da hat er noch entsprechend gehandelt; er hat gewaltsam Raum geschaffen für das Volk Israel, indem er andere Völker vertrieben hat. Der Sieg über die andern – das war Gottes Sieg: Er hat Krieg geführt, er hat getötet, damit sich jene, für die Gott liebend Partei ergreift, entfalten können.

Aber ist dieser Schluss nicht wiederum voreilig? Immer wieder werden Gläubige zu solcher Voreiligkeit verführt und verherrlichen ihre gewalttätige Geschichte. An der Grenze zwischen Portugal und Spanien gibt es zwei Wallfahrtsorte, Erinnerungsstätten an vergangene Siege, eine diesseits, die andere jenseits der Grenze – auf welcher Seite steht denn Gott? Im Schweizer Kanton Graubünden stehen zwei Denkmäler; eines in Erinnerung an Fidelis von Sigmaringen, der um seines Glaubens willen umgebracht wurde, eines in Erinnerung an seine Mörder, die aus Treue zu ihrem Glauben gemordet haben. Nochmals: Auf welcher Seite steht Gott? Ist es nicht Täuschung, Versuchung, ja sogar Sünde, Gott verantwortlich zu machen für die eigenen Gewalttaten, ihn für die eigenen Machtgelüste zu instrumentalisieren?

Psalm 44 jedenfalls schaut auf die Geschichte zurück, in der der eigene Sieg als Sieg Gottes geglaubt und gedeutet wird, ja, sogar als Ausdruck göttlicher Liebe. Im Zurückschauen noch wird an diesem Glauben festgehalten, wie der erste Teil des Textes zeigt.

Dann aber kippt der Psalm: Das Volk Israel erlebt Niederlage um Niederlage, Gewalt um Gewalt, Schmach und Verzweiflung. Gott wird erlebt als jemand, der sein Volk verkauft, verrät, preisgibt, ja sogar selbst zuschlägt. Man fühlt sich wie ein Schaf, das zur Schlachtbank geführt wird. Diese Erfahrung wird auch Jesus machen müssen: er wird am Kreuz umgebracht, von Gott verlassen, preisgegeben. Die frühe Christenheit deutet das Schicksal Jesu mit Hilfe dieses Bildes; das ganze Markusevangelium ist der Beweis dafür (vgl. auch Apg 8,32).

Psalm 44 gehört zu diesen Texten, in denen der Beter, die Beterin, zu einer anderen Perspektive geführt wird: Gottes Gegenwart zeigt sich auch in der Ohnmacht, in der Niederlage, im Scheitern. Er ist gerade nicht mit Sieg und Gewalt identisch.

Dennoch bleibt die Hoffnung, dass Gott sich erhebt und seine göttliche Revolution irgendwie durchsetzt.

Gebet

Gott
wo bleibst Du
wenn Du Dich verhüllst
und ich Dich nicht erkenne?
Durchdringe die Nacht
Reiß die Mauern nieder
die mich von Dir trennen
Durch Jesus Christus unseren Herrn.

1*Der du wohnst im Schutz des Höchsten, / im Schatten des*
Allmächtigen weilst:
2*Sage zum Herrn: Du meine Burg, meine Zuflucht, / mein*
Gott, auf den ich vertraue!
3*Er ist es, der dich befreit aus der Schlinge des Jägers, / dich*
rettet vor Verderben und Unheil.
4*Mit seinen Flügeln beschirmt er dich, / unter seinen*
Fittichen bist du geborgen, / seine Treue ist dir ein schützender
Schild.
5*Du musst nicht fürchten das nächtliche Grauen, / nicht am*
Tag den fliegenden Pfeil;
6*nicht das Unheil, schleichend im Dunkel; / nicht das*
Verderben, das hereinbricht am Mittag.
7*Und fallen auch tausend an deiner Seite, / zu deiner*
Rechten zehntausend: / dich wird es nicht treffen …
11*Denn er entbietet für dich seine Engel, / dich zu behüten*
auf all deinen Wegen.
12*Sie sollen auf den Händen dich tragen, / dass nicht an*
einem Stein sich stoße dein Fuß.
13*Du wirst gehen über Nattern und Schlangen, / wirst nie-*
dertreten Löwen und Drachen.
14*Er war mir treu, so will ich ihn retten; / ich will ihn schüt-*
zen, denn er kennt meinen Namen.

Gewalt gehört zu den Grundbedingungen des Menschseins. Dass ich heute in kriegerische Konflikte verwickelt werde, ist in unseren Landen Gott sei Dank nicht mehr möglich. Europa ist zusammengewachsen, die Völker haben ein Zusammengehörigkeitsgefühl entwickelt, dass man Probleme unmöglich noch mit militärischer Gewalt lösen will. Da und dort gibt es zwar immer noch martialische Töne, aber sie verklingen bald einmal wieder.

Dennoch gibt es die Gewalt auf der Straße: Autoraser, die keine Rücksicht kennen; die Technik kann versagen; ich kann ohne Grund und unversehens zusammengeschlagen werden. Gewalt in den Schulen und auf den Pausenplätzen, geschweige denn, dass ich plötzlich mitten in einen terroristischen Anschlag hineingeraten könnte. Die Angst ist groß, nicht nur in der Nacht, sondern mitten am Tag.

Schlingen, die mich fangen, Pfeile, die mich treffen könnten, gehen nicht nur von Menschen aus. Die Natur kann gewalttätig sein: Unwetter, Stürme, Katastrophen; immer wieder gibt es Opfer elementarer Gewalt. Epidemien, Krankheiten, ökologische Bedrohungen, Klimaveränderung: so vieles kann mich treffen, heimtückisch oder frontal.

Besonders zu betonen ist die Gewalt, die aus dem Zerstörungswillen des Menschen erwächst. Nattern, Schlangen, Löwen, Drachen – da sind ja nicht Tiere gemeint, sondern Menschen, die vernichten wollen. Heute heißen sie »Heuschrecken«: Manager und Firmen, die angeblich sanieren wollen, aber nichts anderes als Geld im Sinne haben und massenweise Arbeitsplätze vernichten. Da ist der »Raubtierkapitalismus«, in dem das Anhäufen von Geld das höchste Ziel wirtschaftlicher Bemühungen ist:

Spitzenverdiener, denen es egal ist, ob der schlichte Arbeiter, die einfache Arbeiterin genügend zum Leben hat. Gier ist seit je auch ein anderer Name für Gewalt. »Mobbing« ist eine andere weitverbreitete Form, sogar in der Kirche und in Ordensgemeinschaften.

Noch einmal stellt sich da die Frage, wie man der Gier und der Gewalt entrinnen kann. Wieder braucht der Psalmist das Bild von der Zuflucht, von der Burg – und meint damit Gott. Daraus erwächst ein Vertrauen, das idyllische Züge hat: Einerseits gewinnt man einen sicheren Standort, von dem aus man auf die gewalttätige Welt hinunterblicken kann: Gewalt geht an Gewalt zugrunde, das Böse verzehrt sich von selbst. Wer andere frisst, wird selbst gefressen. Vergeltung ist das Grundgesetz der Gewalt. Anderseits meint der Beter, der Gewalt völlig enthoben zu sein: »Fallen auch tausend an deiner Seite, zu deiner Rechten zehntausend: dich wird es nicht treffen.« Engel beschützen dich von allen Seiten oder tragen dich aus der Gefahrenzone hinaus.

Glücklich der Mensch, der solches erfährt und glauben mag. Es gibt solche Menschen, gewiss. Dennoch muss wohl hinzugefügt werden, dass diese gewaltfreie Welt wohl erst jene Welt ist, die wir ersehnen, nie aber ganz erfahren, solange wir auf Erden sind. Eine eschatologische (endzeitliche) Hoffnung nennt man das: sie geht erst in Erfüllung, wenn das Gottsein Gottes im Menschsein des Menschen völlig gegenwärtig wird und wenn die Schöpfung aus ihrer Vergänglichkeit befreit ist und teilhat an der Freiheit der Kinder Gottes (Röm 8,21f).

Im Übrigen kann dieser wunderbare Text auch zu einer Versuchung werden, wie der Beginn der Lebensgeschichte Jesu (Mt 4,6) zeigt. Ich kann mich in solchen Texten einlullen, ich kann daraus Ansprüche ableiten, Forderungen stellen, übermütig werden, Gott versuchen. Das wäre allerdings der größte Missbrauch dieses eindrücklichen Psalms.

Gebet

Gott
Entreiß mich der Gewalt
Lass überall in der Welt die Gewalt verstummen
Sei Du unser Schutz
und schicke Deine Engel
dass wir bewahrt werden von allem Unheil
Darum bitten wir durch Christus unseren Herrn.

15. Psalm 6: Die Krankheit zum Tode

3*Erbarme dich meiner, o Herr, ich sieche dahin; / heile mich, Herr, denn verstört ist all mein Gebein.*

4*Tief verstört ist meine Seele, / du aber, Herr, wie lange säumst du noch!*

5*Wende dich zu mir, o Herr, und rette mich, / um deiner Barmherzigkeit willen schaffe mir Heil.*

6*Denn wer kann deiner bei den Toten gedenken? / Wer in der Unterwelt vermag dich zu preisen?*

[7] *Ermattet bin ich vom Seufzen, / jede Nacht benetze ich weinend mein Bett, / ich wasche mein Lager in Tränen.*

[8] *Mein Auge ist vor Kummer getrübt, / wegen meiner vielen Feinde bin ich gealtert.*

[9] *Weicht von mir, all ihr Gottlosen, / denn mein lautes Weinen hat vernommen der Herr.*

[10] *Der Herr hat mein Flehen gehört, / der Herr hat angenommen mein Beten.*

Die größte Gewalt geht vom Tod aus. Er wird mit absoluter Sicherheit zuschlagen, früher oder später. Vielleicht morgen schon. Der Tod ist der größte Widerspruch zur Geburt, die ja letztlich lauter Verheißung ist. Wer würde denn bei der Geburt gleich an den Tod denken?

In dem großartigen Theaterstück »Der Besucher« von Eric-Émmanuel Schmitt sagt S. Freud, solle er Gott jemals von Angesicht zu Angesicht vor sich haben, werde er ihn wegen falschen Versprechens anklagen. Der Mensch empfinde sich selbst nicht als sterblich, im Hochgefühl des Lebens sei der Tod keine Empfindung, bloß angelerntes Wissen. »Der Tod lacht hinterrücks. Ich selbst hatte mich auf einen ganz anderen Weg gemacht, ich hielt mich für unsterblich. Das Böse am Tod ist nicht das Nichts, sondern das Versprechen des Lebens, das nicht gehalten wurde.«

Die Vorbotin des Todes ist die Krankheit, viele Krankheiten. Nicht nur ein bisschen Fieber – das geht vorbei; oder eine Erkältung, die nach ein paar Tagen ausgeheilt ist. Unser Menschsein ist so eingerichtet, dass mit der Zeit lebenswichtige Funktionen ausfallen: Die Niere arbeitet nicht mehr richtig, das Hirn speichert die Erlebnisse nicht mehr, das Herz wird anfällig und hört am Ende auf zu schlagen. Irgendeinmal brennt das Leben aus, biologisch ist das Sterben vorprogrammiert.

Ich sehe mich also einer biologischen Tatsache gegenüber, zu der ich mich in Freiheit verhalten soll: widerstehen oder annehmen? Fluchen oder segnen? Hadern oder sich hingeben? In der Bibel gibt es für die ganze Bandbreite genügend Texte, die uns zur Bewältigung von Krankheit und Tod angeboten sind. Auch Psalm 6 gehört dazu.

Der Psalm erwägt die Möglichkeit, dass die Krankheit eine von Gott verhängte Strafe ist. Er reiht sich damit ein in die vielen Deutungsversuche gerade religiöser Menschen. Dem ist freilich entgegenzuhalten, dass bereits im Alten Testament die Rede von der Strafe Gottes infrage gestellt wird. Nach der Sintflut entschließt sich Gott, in Zukunft nicht mehr strafen zu wollen (Gen 8,21); er hat keinerlei Verständnis für das Gerede der Frommen, die in Hiobs Schicksal ein Selbstverschulden feststellen wollen (Hiob 42,7). Wir sollten aufhören, die Krankheit als Strafe zu begreifen. Der Kranke hat genug zu leiden, er soll nicht auch noch an solchen Gedanken leiden müssen.

Dann aber streckt der betende Kranke seine Krankheit Gott entgegen. Dieser soll sich ihm in seiner Barmherzigkeit zuneigen und ihn heilen. Denn letztlich hat S. Freud im genannten Theaterstück doch Recht: Krankheit und Tod sind im Grunde genommen lebendige Gegenbeweise für die Gegenwart eines gütigen Gottes – außer Gott nimmt sich der Kranken und Toten an, indem er sie heilt und aus dem Tod heraus ins Leben ruft. Entsprechend wird dann das Neue Testament diesem Widerspruch entgegentreten, indem es immer wieder feststellt, dass Jesus »alle Kranken« heilt (Mk 1,32 und öfter) und dass mit der Auferstehung Jesu die Gewalt des Todes endgültig gebrochen ist: »Tod, wo ist dein Sieg? Tod, wo ist dein Stachel« (1 Kor 15,55). Diese Aussage aber gehört zur Vollendung in Gott.

Mit Psalm 6 sind wir noch nicht so weit. Zwar glaubt der Beter, die Beterin an die therapeutische Kraft Gottes. Aber da ist immer noch die feste Überzeugung, dass mit dem Tod alles aus ist. Im eigenen Interesse, meint der Psalm, müsse Gott die Gewalt des Todes aufhalten, den Tod aufschieben. Denn solange der Mensch vom Tod verschont bleibt, kann er seine Beziehung zu Gott ausgestalten: beten, danken, hoffen, preisen. Und Gott kommt so auf seine Rechnung, er hat etwas von mir, solange ich ihn anbete, meint der Psalm.

Krankheit und Tod müssen als gegeben bejaht werden. Es ist nicht so, wie in esoterischen Kreisen oft zu hören ist, dass man nur ethisch gut leben, den richtigen Knopf drücken, die Tablette zur richtigen Zeit und nach einem ganz bestimmten Ritual zu nehmen hätte – und dann wären Krankheit und Tod zunichte gemacht. Tod und Krankheit sind äußerste Notwendigkeiten, die mit dem irdischen Leben wesentlich gegeben sind, Zwänge, die in unser Leben eingezeichnet sind. Daraus aber einen Akt der Bejahung, der Annahme, ja der Hingabe zu machen – das ist die Chance, die wir ergreifen sollten.

Gebet

Gott
Gib, dass ich Ja sage
zu Krankheit und Tod
Rufe mich ins Leben
und heile mich
durch Christus unseren Herrn.

16. Psalm 59: Töte sie nicht!

[Dem Chormeister, nach der Weise »Vertilge nicht«; ein Lied von David, als Saul aussandte und sein Haus bewachen ließ, um ihn zu töten.]

2Rette mich vor meinen Feinden, mein Gott, / beschütze mich vor denen, die gegen mich aufstehn.

4Siehe, sie trachten mir nach dem Leben, / es verschwören sich Mächtige gegen mich. / Kein Vergehen ist in mir, o Herr, keine Sünde.

5Schuldlos bin ich, sie aber stürmen vor und greifen mich an. / Wach auf, geh mir entgegen und sieh;

6denn du, Herr der himmlischen Heere, du bist Israels Gott. / Wach auf und züchtige all die Heiden; / die Treulosen, verschone sie nicht …

10Du, meine Stärke, auf dich will ich schauen, / denn du, o Gott, du bist meine Zuflucht,

11du, mein Gott, mein Erbarmer! / Es komme mir Gott zu Hilfe, / er lasse mich frohlocken über all meine Feinde.

[12]Töte sie nicht, damit es mein Volk nicht vergisst. / In deiner Macht verwirre sie und trete sie nieder, / o Herr, unser Schild! …

[17]Ich aber will singen von deiner Macht, / am Morgen schon jubeln über deine Barmherzigkeit.

Denn du bist mir Zuflucht geworden, / eine feste Burg am Tage meiner Bedrängnis.

[18]Du, meine Stärke, auf dich will ich schauen, / denn du, o Gott, du bist meine Zuflucht, / du, mein Gott, mein Erbarmer.

Dieser Psalm soll wie auch die beiden vorausliegenden Psalmen (57 und 58) nach der Melodie »Vertilge nicht« gesungen werden. Andere Übersetzungen sagen: »Zerstöre nicht«, »Verdirb nicht« oder »Verderbe nimmer«. Und im Vers 12 wird die Melodie auch begrifflich auf den Punkt gebracht: »Töte sie nicht!«

Alle drei Psalmen, die nach dieser Melodie gesungen werden sollen, werden als Gebete Davids ausgegeben. Und immer wird vorausgesetzt, dass es sich um eine bestimmte Situation handelt: David wird vom übermächtigen Saul in die Enge getrieben, in die Flucht geschlagen. Mehrfach (1 Sam 22 und 24) wird berichtet, wie David in die Lage versetzt wird, diesen Erzfeind mit einem einzigen Schlag zu vernichten. Doch David schont ihn jedes Mal – und wird so zum Vor-Bild des schonenden und bedingungslos liebenden Gottes, wie er sich in Jesus von Nazaret bezeugt.

Melodie und Aussage sind nun wirklich erstaunlich, nach allem, was wir über erfahrene Gewalt und über die

Gewaltbereitschaft, die in diesen Texten zum Ausdruck kommt, gesagt haben. David oder der Beter, die Beterin wirft sich in die Arme Gottes, damit dieser den vernichtenden Schlag nicht ausführt. Welche Wende! Auf weiten Strecken bestürmen die Psalmen Gott, dass er Gewalt anwendet und den Tod über die Feinde bringt. Und nun plötzlich das Gegenteil!

Nein, noch ist es nicht die grundsätzliche Gewaltlosigkeit anderer Texte oder gar Jesu Christi. Gott soll auch jetzt noch, heißt es im Psalm, mit aller Macht und Gewalt eingreifen: er soll endlich aufwachen, aufstehen, seine Macht zur Geltung bringen, das heißt: er soll die Frevler nicht schonen, sondern verwirren, niedertreten, verderben. Bis nahe an die Vernichtung soll Gott gehen, aber den letzten Schlag, den Todesstoß soll er nicht geben.

Ich kann mich natürlich fragen, wie ich diese Zurücknahme der Gewalt, diese Leben verschonende Zurückhaltung deuten kann. Vielleicht gibt sich der Autor ja einfach damit zufrieden, dass die todbringenden Mächte ihre verheerende Wirkung verlieren; dass die Feinde so sehr geschwächt werden, dass sich ihr Hass und ihre zerstörerische Gewalt nicht mehr auswirken können; dass das ganze Zerstörungspotenzial verpufft. Dann wäre ja das Entscheidende gewonnen: ich, die Armen, die Menschheit insgesamt könnten aufatmen und sich frei entfalten.

Im Psalm selbst ist jedoch noch ein anderer Grund ausdrücklich genannt: damit das Volk nicht vergisst. Was soll es nicht vergessen? Wen nicht? Vielleicht Gott selbst?

Eine problemlose, konfliktfreie Welt – ist sie denn überhaupt wünschbar? Leider zeigt ja die Erfahrung zur Genüge: das Gottesbedürfnis schwindet, wenn die Bedürfnisse befriedigt sind. Wohlstand und Luxus verdecken nur allzu oft die tiefer liegenden Fragen. Eine schiere Unmöglichkeit ist es, dass ein Reicher in das Reich Gottes kommt (Mk 10,24f), was etwa so viel heißt: Die Einflussmöglichkeiten Gottes auf das Herz des Menschen verlieren sich, wenn dieser sein Herz an Besitz und Eigentum hängt. Gott geht vergessen. Und noch schlimmer ist, hat einmal jemand gesagt, wenn man auch noch vergisst, dass man Gott vergessen hat.

Soll man also wünschen, dass die Bemühungen um Wohlergehen und Wohlfahrt eingestellt werden sollen? Im Gegenteil: Wir sind aufgefordert, die Parteinahme Gottes für die Menschen auf der Schattenseite mitzutragen und alles zu tun, damit der Mensch Mensch wird. Darum geht es ja auch im Neuen Testament: Diese Parteinahme ist so konsequent und so radikal gewaltlos, dass der gekreuzigte Christus bleibendes Mahnmal gegen das Vergessen Gottes und des Menschen ist.

Gebet

Gott
Viele vergessen Dich
Viele können Deine Stimme nicht mehr hören
So will ich Dich anrufen auch in ihrem Namen
Segne uns
in Christus unserem Herrn.

17. Psalm 34a: Andere mit einbeziehen

[2]*Den Herrn will ich allzeit preisen, / immerdar sei in meinem Munde sein Lob.*

[3]*Es rühme sich des Herrn meine Seele, / hören sollen es die Armen und fröhlich sein.*

[4]*Vereint mit mir lobpreist den Herrn, / lasst uns gemeinsam seinen Namen erheben.*

[5]*Ich suchte den Herrn und er hat mich erhört, / er hat mich errettet aus all meinen Ängsten.*

[6]*Blickt auf ihn und ihr werdet strahlen in Freude, / und euer Angesicht soll nicht erröten.*

[7]*Seht, ein Armer rief und der Herr hat gehört, / er hat ihn erlöst aus aller Bedrängnis.*

In der Parteinahme Gottes für die Armen bewegen wir uns im Zentrum alttestamentlichen Betens. Im Gebet zeigt sich recht eigentlich, ob ich mich wirklich zu dem Gott verhalte, den die Bibel voraussetzt. Nur dann bete ich wirklich, wenn ich darin die ichbezogenen Wünsche übersteige. Es geht um viel mehr als bloß um mich. Natürlich soll ich mich im Gebet ausdrücken, aussprechen, meine emotionale Befindlichkeit vor Gott hintragen, ganz und gar Person sein vor Gott.

Aber je mehr ich mich ihm nähere, der nicht nur mein Gott ist, sondern der Gott aller, werde ich sensibel für alle, die mit mir zusammen Menschen sind. Besonders werde ich immer mehr wahrnehmen, dass der eine leidet, dem anderen etwas fehlt, ja dem großen Teil der Weltbevölkerung das Minimum abgeht, was zum Leben gehört. Es bewegt mich, festzustellen, dass zwei Drittel der Psalmen die Not derer zum Ausdruck bringen, die irdisch gesehen keine Hoffnung mehr haben. Opfer sind sie der Sünder und Frevler, Armgemachte, Ausgebeutete, Menschen, denen das Leben genommen wird. Darum nehme ich ja auch diese alten Psalmtexte, damit mir der Gott der armen Leute aufgeht und dass ich mit ihm auf der Seite der Armen bin.

In diesem Sinn ist wohl die in den Psalmen immer wieder zu hörende Beteuerung zu verstehen: Ich bin ohne Schuld. Der Psalm ist von jemandem verfasst, der keine Schuld trägt, dass es ihm oder andern so schlecht geht. Natürlich könnte man etwas tiefer graben und erkennen, dass es den letztlich schuldlosen Menschen nicht gibt. Wir bleiben immer etwas schuldig: ein Wort, diese oder jene Tat, Zuwendung, Zärtlichkeit, Hilfe, letztlich Liebe. Gerade der Liebende weiß, dass er nie genug liebt. Aber in diesem Psalm geht es darum, dass die Situation der Armut, in die jemand gefallen ist, nicht selbst verschuldet ist. Die Ursache dafür liegt anderswo.

Zwei Aspekte sind noch wichtig. Einmal, dass der Beter, die Beterin darum bemüht ist, die Armen mit in das Gebet aufzunehmen. Die Armen sollen wissen, dass ich ihr Sprachrohr bin, wenn ich Gott preise; dass sie froh werden können, wenn ich vor Gott singe; dass sie auf jeden Fall mit mir zusammen vor Gott stehen. Und dann sollen sie spüren, dass ich selber ein Armer bin und dass Gott mich aus der Armut herausgeholt hat.

Wie soll ich das verstehen, da ich nichts entbehre und da mir nichts fehlt? Wirklich? Provoziert mich nicht jeder Bettler, dass auch ich letztlich nichts als mein Eigentum betrachten kann? Bin ich nicht letztlich von der Wiege bis zur Bahre jemand, der um nichts weniger als um das Leben und um Liebe bettelt?

Gebet

Gott
Arm bin ich
auch wenn ich alles habe
Alles ist mir gegeben
Nichts gehört wirklich mir
So lass mich dankbar sein
und teilen, was mir zu eigen ist
durch Christus unseren Herrn.

18. Psalm 34B: Gott auf der Seite der Armen

8 *Einen Wall richtet auf der Engel des Herrn / die Frommen umgibt er, sie zu erretten.*

9 *Kostet und seht, wie gütig der Herr! / Selig der Mann, der flüchtet zu ihm.*

10 *Fürchtet den Herrn, ihr, seine Frommen; / die ihn fürchten, sie leiden nicht Mangel.*

11 *Mächtige verarmen und hungern; / die aber suchen den Herrn, sie entbehren kein Gut.*

[12] *Kommt, ihr Kinder, und hört mich! / Ich will euch lehren die Furcht des Herrn …*

[15] *Lass ab vom Bösen und wirke das Gute, / suche den Frieden und jage ihm nach!*

[16] *Auf die Gerechten schaut das Auge des Herrn, / ihrem Rufen leiht er sein Ohr.*

[17] *Doch sein Antlitz wendet sich ab von den Bösen, / auszutilgen ihr Gedächtnis auf Erden.*

[18] *Die Gerechten riefen und der Herr hat sie erhört, / er hat sie befreit aus all ihrer Drangsal.*

[19] *Die gebrochenen Herzens sind, ihnen ist nahe der Herr; / ein zerschlagenes Gemüt wird er heilen.*

[20] *Viele Leiden erfährt der Gerechte, / doch aus allen wird der Herr ihn erlösen …*

[23] *Der Herr befreit die Seelen seiner Getreuen; / wer flüchtet zu ihm, der leidet nicht Schaden.*

Der Gegensatz ist deutlich: hier die Sünder – dort die Frommen. So einfach dürfen wir heute nicht mehr reden! Denn sie hat verheerende Folgen, wie die moderne Politik zeigt. Dort ist die »Achse des Bösen«, das teuflische Reich, mit dem man sich mit Waffengewalt auseinandersetzen muss. Und dann rollen die Panzer, dann fliegen die Raketen; hunderttausende von Toten – und hat erst noch das Gefühl, auf der Seite des guten Gottes zu stehen und in seiner Kraft und in seinem Auftrag den Teufel höchst persönlich besiegt zu haben. Dabei hat man selber die Fratze Satans gezeigt und bleibt unfähig, die eigenen Gedanken und Taten vor das eigene Gewissen zu bringen.

So aber ist die Unterscheidung im Psalm nicht gemeint. Die Frommen, von denen der Psalm spricht, sind die Armgemachten, die Ausgebeuteten. Sie haben keine irdische Hoffnung mehr; ihnen kann niemand mehr helfen, weil die, die wirklich helfen könnten, gerade nicht helfen wollen. Diese haben vielmehr nur eines im Sinn: andere gefügig zu machen, sie zu vereinnahmen für die eigenen Interessen; sie sind unersättlich, gierig und darum Sünder, Frevler. Ihr Reichtum entsteht durch Raffgier und Entwürdigung. Die Armen, die aus diesem Verhalten entstehen, nennen sich selber fromm, weil sie ihre Situation auf Gott beziehen. Sie wissen, dass der »Ich-bin-da!« ihr Gott ist: der Befreier, der Helfer. Gott ist der Gott der Armen. Und er wird seine göttliche Revolution anzetteln: Reiche werden arm, Arme reich; Stolze werden gedemütigt, Gedemütigte auf den Thron gehoben; die Gesättigten werden leer ausgehen, Hungrige mit Gütern erfüllt. Immer wieder erhebt sich dieses Hoffnungslied der Armgemachten. Die christliche Kirche singt dieses *Magnifikat* (Lk 1,46–55) jeden Tag in der Vesper, und versteht sich so als eine Gemeinschaft, die nur in der Identität und Solidarität mit den Armen ist, was sie ist.

Diese Armen nennen sich auch die Gerechten, weil sie Opfer der Ungerechtigkeit geworden sind. Das Recht ist auf ihrer Seite. Und darum ist auch »Gerechtigkeit« einer der vielen Namen Gottes. Gott wird Recht schaffen. Wo kämen wir hin, wenn es Gott nicht gäbe? Wenn es keine Gerechtigkeit gäbe? Das himmelschreiende Unrecht verlangt, dass der Tag kommt, an dem allen, die Unrecht erfahren haben, Gerechtigkeit zuteil wird. Der Tag, an dem das geschieht – das ist der Tag des Herrn, den alle zu fürchten haben, die andern Unrecht getan haben.

So bin auch ich vor die Frage gestellt, wie ich mich denn zu verstehen habe, damit mein Gebet wahrhaftig ist: Ich bin den Armen der Welt an die Seite gestellt, weil ich Gott nahe sein darf. Und ich muss mich für die Gerechtigkeit engagieren, damit den Armen jetzt schon etwas Gerechtigkeit widerfährt.

Was diese Armen und alle, die mit ihnen zusammen »fromm« sind, noch charakterisieren soll, ist die »Furcht des Herrn«, eine doppelte Angst, dass etwas die Gottesbeziehung stören könnte. Einmal die Angst, dass ich etwas tun oder unterlassen könnte, was mich Gott entfremdet; dass ich also auf irgendwelche Weise schuldig werde oder dass ich mich von Gott abwenden könnte. Dann aber auch die Angst, dass sich Gott von mir entfernen könnte, weil ich so bin, wie ich bin, oder getan habe, was ich nicht hätte tun sollen. In beiden Fällen geht es darum, dass unsere Beziehung zu Gott und die Beziehung Gottes zu uns eine vertrauensvolle und gegenseitige Liebesbeziehung bleibt.

Gebet

Gott Du bist ein Gott der Armen
Lass mich arm sein mit den Armen
und nimm mich in Deinen Dienst
damit es den Armen gut geht.
Darum bitte ich durch Christus unseren Herrn.

19. Psalm 109: Gott, der Richter

1 *Gott, dem ich lobsinge, o schweige nicht!*
2 *Denn aufgetan hat sich gegen mich der Heuchler gottloser*
Mund. Sie sprachen zu mir mit lügender Zunge,
3 *mit Worten des Hasses umgaben sie mich, / sie bekämpf-*
ten mich ohne Grund.
4 *Meiner Liebe zum Lohn verklagten sie mich, / ich aber, ich*
bete.
5 *Sie vergalten mir Gutes mit Bösem, / meine Liebe mit*
Hass.
6 *Bestelle gegen ihn einen Frevler, / einen Kläger zu seiner*
Rechten.
7 *Als ein Schuldiger gehe er aus dem Gericht, / seine Bitten*
seien umsonst …
16 *Denn niemals übte er je Erbarmen, / er verfolgte den*
Menschen, der elend und arm, / dem Leidgeprüften ging er ans
Leben.
17 *Er wollte den Fluch, so komme er über ihn; / er ver-*
schmähte den Segen, so soll er ihn fliehen …
26 *Hilf mir, Herr, du mein Gott, / in deiner Gnade errette*
mich.
27 *Und wissen sollen sie: es war deine Hand; / du warst es,*
Herr, der dieses getan hat.
28 *Mögen sie fluchen, du aber segne, / zuschanden sollen*
werden, die gegen mich aufstehen; / dein Knecht aber möge sich
freuen.
29 *Meine Kläger sollen sich kleiden in Schande, / und wie ein*
Mantel soll sie umhüllen die Schmach.

[30]*Und preisen will ich mit frohem Mund den Herrn, /*
inmitten der vielen will ich ihn loben.
[31]*Denn er stand dem Armen zur Seite, / ihn vor den*
Richtern zu retten.

Es gibt eine ganze Reihe von Fluchpsalmen in der Bibel. Im offiziellen Gebetbuch der Kirche sind sie weitgehend ausgeschaltet worden. Denn da gibt es Verfluchungen der übelsten Art: Die Kinder sollen an die Felswand geschmettert werden, die Menschen sollen wie Schnecken an der Hitze vergehen … Ja, das wollen und können wir nicht mehr über die Lippen kommen lassen. Anderseits ist uns abhandengekommen, dass es Situationen gibt, in denen man nur fluchen kann, selbst vor Gott. Das Beten muss nicht immer ein Säuseln sein, schon gar nicht Süßholz raffeln. Jede Emotion hat ihr Recht, und sie soll sich ruhig vor das Antlitz Gottes wagen.

Solche Emotion ergreift mich, wenn ich feststelle, wie Machthaber über Leichen schreiten, wie multinationale Konzerne arme Länder entmündigen, Manager sich bedienen und dabei Arbeitnehmer nicht einmal einen Leben sichernden Lohn haben… Gründe gibt es genug, Verderben über jene zu rufen, die die Erde verderben (Offb 11,18).

Letztlich geht es also um das Gericht Gottes. Um die Bitte, dass Gott im Sinne der ausgleichenden Gerechtigkeit in die Geschichte eingreift. Es kann nicht sein, dass Gott zum himmelschreienden Unrecht an den Armen, der Schöpfung ganz allgemein schweigt. Es muss eine göttliche Instanz geben, vor der sich alle rechtfertigen müssen.

Von dieser Gewissheit lebt die Bibel. Gott ist der Richter. Er wird für Gerechtigkeit sorgen. Einmal werden alle zu ihrem Recht kommen. Für die Beterinnen und Beter der Psalmen und die alttestamentlichen Gläubigen ist die Rede vom Gericht immer ein Ausdruck der Hoffnung und der Zuversicht, des Jubels und der Freude. Nie aber gehen von dieser Rede Angst und Zittern aus. Sie erwächst eben nicht dem Schuldbewusstsein, sondern dem erfahrenen Unrecht.

Anders wäre es für die, die Unrecht tun. Nur schreiben diese eben keine Psalmen. Ihnen fehlt die Gottesbeziehung, die sie im Falle des Schuldigwerdens zu Reue und Furcht führen würde. Die Frevler, die sich an den Armen und am Leben vergreifen, sind Gottlose. In dem Augenblick, in dem sie sich Gott zuwenden, werden sie ihr Unrecht bereuen und wieder gutmachen. Und auch sie hätten dann das Gericht nicht mehr zu fürchten.

Der Glaube an das Gericht hat also auf jeden Fall die Gestalt der Hoffnung. Es ist oft die einzige, die Arme haben. Sie soll ihnen nicht genommen werden.

Gebet

Gott
Richter der Welt
Nimm uns die Angst vor Deinem Gericht
und gib uns den Glauben
dass Du die Armen aufrichtest
durch Christus unseren Herrn.

20. PSALM 136: In Ewigkeit währt sein Erbarmen

1 *Preist den Herrn, denn er ist gut, / in Ewigkeit währt sein*
Erbarmen!
2 *Preist den Gott der Götter, / in Ewigkeit währt sein Erbarmen!*
3 *Preist den Herrn der Herren: / in Ewigkeit währt sein*
Erbarmen!
4 *Ihn der wirkt allein große Wunder, / in Ewigkeit währt sein*
Erbarmen,
5 *der in Weisheit geschaffen den Himmel, / in Ewigkeit*
währt sein Erbarmen,
6 *der hingebreitet die Erde über die Wasser, / in Ewigkeit*
währt sein Erbarmen,
7 *der geschaffen die großen Lichter, / in Ewigkeit währt sein*
Erbarmen,
8 *die Sonne, dass sie regiere den Tag, / in Ewigkeit währt*
sein Erbarmen,
9 *den Mond und die Sterne, dass sie regieren die Nacht, / in*
Ewigkeit währt sein Erbarmen …
13 *der zerteilte das Schilfmeer, / in Ewigkeit währt sein*
Erbarmen,
14 *der führte Israel mitten hindurch, / in Ewigkeit währt sein*
Erbarmen …
23 *der unser gedachte in unserem Elend, / in Ewigkeit währt*
sein Erbarmen,
24 *der uns befreite von unseren Feinden, / in Ewigkeit währt*
sein Erbarmen,
25 *der Nahrung spendet allem, was lebt, / in Ewigkeit währt*
sein Erbarmen,

26 Preist den Gott der Himmel, / in Ewigkeit währt sein Erbarmen.

Erbarmen – das ist das Wesen Gottes, das zunächst und vor allem den Armen zugewandt ist. Und das von Ewigkeit zu Ewigkeit. Aus Barmherzigkeit hat Gott die Welt geschaffen, die ganze Schöpfung ist als Ausdruck der Barmherzigkeit zu glauben. Mit seinem Erbarmen begleitet Gott die Menschheit, besonders sein Volk Israel. Die ganze Geschichte kann von dieser Warte aus gedeutet werden: eine Abfolge von Tatbeweisen des Erbarmens Gottes. Und die ganze Verheißung kann in diesem Wort zusammengefasst werden. Gottes Erbarmen währt von Ewigkeit zu Ewigkeit.

Ein solches Schöpfungs- und Geschichtsverständnis ist uns abhandengekommen. Weder haben wir das Gefühl, in einer Zeit zu leben, in der Gott besonders barmherzig ist. Wir haben ja sogar Mühe, Gottes Gegenwart überhaupt wahrzunehmen. Wir leben in einer unübersichtlichen Welt. Ein Zusammenhang ist nicht zu erkennen; der Sinn des Ganzen zeigt sich nirgendwo. Wir sehen vor lauter Bäumen keinen Wald. Wie sollten wir dann noch das Antlitz Gottes erkennen, das in allem sich zeigt, die erbarmende Zuwendung in allem, was ist?

Auch die Vergangenheit ist für uns nichts anderes als eine Anhäufung von zusammenhangslosen Ereignissen. Man versucht zwar, Ursachen und Wirkungen herauszustellen: Dieser König hat dies gemacht, jener Papst jenes, deswegen ist dieses so und nicht anders. Aber wer sagt mir, dass das Spätere wirklich so konsequent und geradlinig aus dem Früheren ableitbar ist? Ist nicht alle Geschichtsdeutung ein Konstrukt? Könnte es nicht auch anders sein? Und jenseits von allem oder besser: in allem sollten wir das Herz Gottes erkennen?

Tatsächlich lädt uns die Bibel ein, Schöpfung und Geschichte auch einmal so zu betrachten. Psalm 136 jedenfalls tut es – und ich kann diese preisende Betrachtung in mein Herz nehmen und sprachlich ausgestalten. Zwar werden einige geschichtliche Ereignisse mich kaum mehr bewegen. Aber wer sagt denn, dass ich in diesem Stil den Psalm nicht weiterdichten kann? Welche Ereignisse der Geschichte, was aus der Schöpfung Gottes, welche Vorkommnisse in meinem Leben zeigen mir das Antlitz eines guten Gottes? Vielleicht gar Erbarmen?

Und warum sich dann nicht einüben in der Sprachform des Erhebens? Des Lobes? Es gibt genug, was uns niederdrückt. Wir brauchen Momente der Erhabenheit. Religionskritiker haben auch schon gesagt, dass dies der Sinn von Religion überhaupt ist.

Gebet

Gott
Zeige uns Dein Antlitz
das gütige
Dein Herz
das offene
und lass uns Erbarmen finden
in Jesus Christus unserem Herrn.

DRITTE HARFE:

Der Gesalbte Gottes

21. Psalm 2: Huldigt dem Sohn

1 Warum toben die Heiden? / Was schmieden die Völker nich-
tige Pläne?
2 Die Könige der Erde erheben sich, / es haben sich ver-
schworen die Großen / gegen den Herrn und seinen Gesalbten:
3 Lasst uns ihre Fesseln zersprengen, / werfen wir ab ihre
Stricke!
4 Der in den Himmeln wohnt, er lacht; / ihrer spottet der
Herr.
5 Einmal aber spricht er zu ihnen im Zorn, / schrecklich
herrscht er in seinem Grimm sie an:
6 Ich selber habe meinen König bestellt / auf Zion, meinem
heiligen Berg.
7 Den Beschluss des Herrn will ich künden: / Der Herr
sprach zu mir: / Mein Sohn bist du, ich habe dich heute
gezeugt.
8 Verlange von mir und ich will zum Erbe dir geben die
Völker, / zu deinem Eigentum die Enden der Erde.
9 Du magst sie regieren mit eisernem Zepter, / wie irdene
Krüge zerschlagen.
10 Wohlan, ihr Könige, kommt zur Einsicht! / Lasst euch
warnen, ihr Beherrscher der Erde!
11 Dient dem Herrn in Furcht und huldigt ihm! / Unter
Beben erweist ihm Gehorsam.
12 Dass er nicht ergrimme und ihr auf dem Weg nicht ver-
derbt, / wenn bald entbrennt sein Zorn! / Selig dann alle, die zu
ihm flüchten!

Nachdem in den ersten beiden Kapiteln die existenziellen Bedingungen, unter denen sich unser menschliches Leben vollzieht, ausgelotet wurden, folgt nun ein entscheidender neuer Schritt: Gott selbst macht sich zum handelnden Subjekt in unserer Welt: Er »zeugt« einen Sohn, er erhebt einen Menschen aus der Masse heraus und macht ihn zum personalen Ort seiner Gegenwart in unserer Welt. Wir sind also nicht einfach auf uns selbst verwiesen, sozusagen unseren schwachen Möglichkeiten und Grenzen überlassen. Da soll einer als Stellvertreter Gottes handeln, ganz und gar durchlässig werden für das Wirken Gottes unter den Menschen und in seiner Schöpfung. Einer wird ausgewählt, für einen besonderen Auftrag gesalbt. Eine geschichtliche Person soll das Vorhaben Gottes verkörpern und verwirklichen. Diese gesalbte Person heißt auf Hebräisch *Messias* und auf Griechisch *Christus*.

In vielen Psalmen ist ausdrücklich von diesem Gesalbten die Rede (2, 18, 20, 28, 45, 84, 85, 92, 105, 132), in vielen anderen wenigstens der Sache nach. Man spricht deswegen von messianischen Psalmen, also von Texten, in denen die Absichten Gottes für diese Welt in besonderer Weise hervortreten und auch die Art und Weise, wie Gott diese Welt in seinem Sinn verändern und neu gestalten will: das leidenschaftliche Engagement eines konkreten Menschen, in dem Gott persönlich gegenwärtig sein und wirken will.

Psalm 2 beschreibt nun diese göttliche Revolution gegen die Gottlosigkeit der Menschen, gegen die Frevler und Sünder, welche immer nur eines im Sinn haben: alles und jedes für sich zu vereinnahmen und für die eigenen Interessen zu gebrauchen. Not und Tod, Elend und Armut sind die Folge. Das kann Gott nicht dulden. Deswegen erzeugt er ein Werkzeug, das innergeschichtlich Gerechtigkeit, Frieden und Lebensfülle für alle herstellen soll.

Bei genauerem Zuschauen erkennen wir, dass dieser Messias mit David und seiner Nachkommenschaft verbunden ist – und mit dem Zentrum Israels, dem Berg Zion, um den sich einmal alle Völker der Erde versammeln werden. Da wird es nur noch eines geben: das Gottsein Gottes. Und in dem Maße, wie das Gottsein Gottes zur Geltung kommt, wird auch das Menschsein des Menschen voll realisiert sein. Diesem Gott wird bedingungslos gehuldigt werden, alle Völker werden ihn anbeten. Und untereinander wird es nur noch Gerechtigkeit geben und Frieden.

Die weiteren Vorstellungen des Psalms sind dann allerdings so, dass noch andere Erfahrungen hinzukommen müssen, um seinen messianischen Gehalt voll ausschöpfen zu können. Denn der Text bewegt sich innerhalb eines Verhaltensmusters, das überhaupt nicht zum Ziel führt: Mit Gewalt lässt sich nirgendwo Frieden herstellen, bewahren und sichern. Auch für Gott kann Gewalt letztlich nicht die Methode sein, mit der er sein großartiges Ziel erreichen kann.

Vorläufig bleibt noch die Herausforderung: dem Sohn, dem Messias, gebührt die gleiche Huldigung wie Gott selbst.

Gebet

Gott
Du willst die menschliche Not wenden
und suchst Söhne und Töchter
die in Deinem Namen wirken.
Berufe auch mich
damit Dein Werk in dieser Welt gelingt
durch Christus unseren Herrn.

22. Psalm 89: Der nichtgehaltene Eid?

2 *Singen will ich in Ewigkeit von den Gnaden des Herrn, / laut*
deine Treue verkünden durch alle Geschlechter.
3 *Du sprachst: Meine Gnade ist begründet auf ewig! / Ja, wie*
der Himmel steht fest deine Treue.
4 *Ich habe einen Bund geschlossen mit meinem Erwählten, /*
ich habe David, meinem Knecht, geschworen …
15 *Auf Recht und Gerechtigkeit ruht dein Thron, / vor dir*
einher gehen Gnade und Treue.
16 *Selig das Volk, das zu jubeln weiß; / im Licht deines*
Angesichts, o Herr, dürfen sie wandeln …
21 *Ich habe David ersehen, meinen Knecht, / mit heiligem*
Öl salbte ich ihn.
22 *Dass meine Hand ihm allzeit helfe / und Kraft ihm ver-*
leihe mein Arm …
27 *Er wird zu mir rufen: Mein Vater bist du, / mein Gott und*
der Fels meines Heiles.

28Ich aber, zum Erstgeborenen setze ich ihn ein, / zum Höchsten über alle Herrscher der Erde.

29Auf ewig bewahre ich ihm meine Gnade, / unverbrüchlich ist ihm mein Bund.

30Sein Geschlecht will ich erhalten auf immerdar / und seinen Thron wie die Tage des Himmels …

39Nun aber hast du verstoßen, hast du verworfen, deinem Gesalbten zürnst du schwer.

40Den Bund mit deinem Knecht hast du von dir getan, / seine Krone erniedrigt bis in den Staub.

41Eingerissen hast du all seine Mauern, / seine Burgen in Schutt gelegt …

50O Herr, wo sind deine Gnaden von ehedem, / wie du David geschworen bei deiner Treue?

51Gedenke, o Herr, der Schmach deiner Knechte, / allen Hass der Völker muss ich tragen in mir.

52Denn es verhöhnen uns, Herr, deine Feinde, / sie verhöhnen die Fußspur deines Gesalbten.

53Der Herr sei gepriesen in Ewigkeit! / Amen, amen, so sei es!

Mehr als die Hälfte dieses Psalms ist lauter Lob und Anbetung Gottes; preisende Erinnerung an den Bund, den Gott mit dem Volk Israel geschlossen hat; an den Sohn, den Gott inmitten der Geschichte erzeugt hat, damit er ganz und gar durchlässig sei für den Willen Gottes; an den Messias, der die Verheißungen Gottes ins Hier und Jetzt übersetzen sollte; an den Eid, den Gott geschworen hat, Frieden, Gerechtigkeit und Lebensfülle zu realisieren, sein Gottsein so sehr aufstrahlen zu lassen, dass auch der Mensch in seinem Glanz endgültig er selber sein kann.

Genau das Gegenteil ist eingetroffen, wie in der zweiten Hälfte des Textes nachzulesen ist. Das Volk Israel ist zerschlagen, das Königshaus Davids verachtet: Niederlage, Verwerfung, Zerstreuung, Verspottung … Nichts von dem, was in Psalm 2 so handgreiflich in der Luft lag, ist eingetroffen! Es ist zum Irrewerden an einem Gott, der sich früher so huldvoll gezeigt hat und voller Verheißungen war. Und jetzt so völlig versagt.

Oder hat der Mensch versagt? Wer ist Gott wirklich?

Vielleicht ist das ja gerade der Sinn geschichtlicher Katastrophen, dass die Frage nach Gott immer wieder neu und anders entsteht. Denn Gott will Gott bleiben, er darf nicht in menschliche Vorstellungen eingesperrt werden. Zu einer solchen Vorstellung gehört ganz offensichtlich die, dass Gewalt und Gott zusammengehören, dass Gott sein Gottsein mit Gewalt durchsetzen muss. Diese Vorstellung von Gott ist archaisch und gehört zu den großen Missverständnissen, die zum Teil, besonders bei Politikern, auch heute noch anhalten. Alle Religionen mussten diese urtümlichen Vorstellungen durch schmerzhafte Prozesse hinter sich lassen. Erst vor Kurzem führte das zu einer gemeinsamen Erklärung aller maßgebenden Vertreter der Religionen. Sie beginnt so: »Wir verpflichten uns, unsere feste Überzeugung kundzutun, dass Gewalt und Terrorismus dem authentischen Geist der Religion widersprechen. Indem wir jede Gewaltanwendung und den Krieg im Namen Gottes oder der Religion verurteilen, verpflichten wir uns, alles Mögliche zu tun, um die Ursachen des Terrorismus zu beseitigen« (Assisi 2002: Johannes Paul II., Dekalog des Friedens. Brief an die Staats- und Regierungschefs der Welt).

Aufgrund der Erfahrung, die hinter Psalm 89 steht, wird also der Gläubige gezwungen, die archaische Verbindung von Gott und Gewalt aufzulösen und sich grundsätzlich neu auszurichten: Gott handelt anders, nicht mit Gewalt; der von Gott berufene und »gezeugte« Messias wird das Gottsein Gottes grundsätzlich gewaltlos in geschichtlich und gesellschaftlich greifbare Formen gießen; der Weg zum Frieden wird friedlich verlaufen müssen.

Ebenso wird die Idee, dass der Messias aus dem Machtzentrum des davidischen Königshauses stammt, aufgegeben. Man wird nur noch vergeistigt und symbolisch von der Herkunft des Messias aus Davids Geschlecht reden. Und an die Stelle der Macht tritt die Ohnmacht des Gekreuzigten.

Gebet

Gott
Du bist so ganz anders
als wir denken
So gib, dass wir Dir vertrauen
auch wenn wir Dich nicht verstehen
Darum bitten wir durch Christus unseren Herrn.

23. PSALM 72: Der Richter und Vollender

1 O Gott, gib dein Gericht dem König, / dem Königssohn über-
gib deine Rechte.
2 Er regiere dein Volk in Gerechtigkeit, / nach gleichem
Recht deine Armen.
3 Dann tragen die Berge Frieden dem Volk, / Gerechtigkeit
tragen die Hügel.
4 Schützen wird er die Bedrückten des Volkes, / er hilft den
Kindern der Armen …
7 In seinen Tagen erblüht Gerechtigkeit, / die Fülle des
Friedens, bis vergangen der Mond.
8 Und herrschen wird er von Meer zu Meer, / vom großen
Strom bis an die Enden der Erde …
12 Erlösen wird er den Armen, der zu ihm aufschreit, / den
Verlassenen, dessen sich keiner erbarmt.
13 Der Geringen und Schwachen nimmt er sich an, / er rettet
das Leben der Armen.
14 Von Gewalt und Unrecht macht er sie frei, / ihr Blut ist
kostbar in seinen Augen.
15 Ja, er wird leben! …
Gesegnet werden in ihm alle Stämme der Erde, / die Völker
alle preisen ihn selig.
18 Gepriesen sei der Herr, der Gott Israels, / der allein
Wunder vollbringt.
19 Auf ewig sei gepriesen sein erhabener Name, / die ganze
Erde sei voll seiner Herrlichkeit! / Amen, amen, so sei es!

Ps 72 Ein großartiger Psalm über das messianische Projekt Gottes und über den König, dem Gott das Gericht über jene übergibt, die sich ihm entgegenstellen. Gott wird die Erde vollenden durch seinen König, seinen Messias.

Immer noch freilich hat sich der Sänger nicht ganz gelöst von den Mustern der Gewalt. Aber das Ziel ist eindeutig: ein weltweites Reich der Humanität, garantiert durch Gott selbst: eine Welt des Friedens, der Gerechtigkeit, der Lebensfülle. Da gibt es keinen Platz mehr für Unrecht und Böses.

Im Grunde rückt die Idee des endgültigen Gerichts das messianische Reich Gottes in die weit entfernte Zukunft. Wir würden heute sagen: Das gelobte und verheißene Land, in dem es keinen Tod und keine Not mehr gibt, ist ein eschatologisches (endzeitliches) Ereignis. Es wird dann Wirklichkeit werden, wenn Gott seine Welt im Gericht vollendet.

Doch diese Zukunft ragt in das Hier und Jetzt hinein. Man kann sich dem Sog der Verheißung überlassen, kann sich hochziehen lassen. Die alltägliche Erhebung durch Gebet und Gesang, das Hinaufzeigen in Form von Gottesdienst, Lobpreis und Meditation begründet eine Hoffnung, die einen langen Atem hat. Sie ist das wichtigste Zeugnis, das die Glaubens- und Gebetsgemeinschaft vor aller Welt ablegt – trotz allem, was an Widerspruch, Gegenerfahrung, Katastrophe, Bosheit und Übel jeden Tag auf sie einstürmt. Dazu kann man nur Amen sagen, mehrmals und in allen Sprachen: So sei es!

An dieser Stelle soll das Symbol der Taube mit dem

Olivenzweig eingeführt werden. Die messianischen Hoffnungen bleiben ja in diesem Symbol bis heute gegenwärtig. In vielen Formen und Farben hat es Pablo Picasso gezeichnet und gemalt. Selbst in den säkularsten Milieus und auch unter gottlosesten Bedingungen vergegenwärtigt dieses Symbol die im Psalm beschriebene Zukunft.

Die Taube mit dem Olivenzweig verweist zurück in die Sintflutgeschichte (Gen 6). Mitten in der Katastrophe, noch umgeben vom tödlichen Wasser, schickt Noach eine Taube als Kundschafterin aus. Sie kommt zurück mit dem Olivenzweig. Daraus kann Noach schließen: es gibt Land, es gibt Leben; das Land, in dem man leben und zuhause sein kann, ist in Greifweite, wir sind aus der Flut befreit, haben eine Zukunft.

Dies ist auch die Botschaft dieses Psalms, und wer sie singt, wird zum Propheten, zur Prophetin der Zukunft.

Gebet

Gott
Du bist es, der Zukunft schafft
Lass in uns die Hoffnung nicht untergehen
dass es Frieden, Gerechtigkeit und Lebensfülle gibt
durch Christus unseren Herrn.

24. Psalm 57: Ich will das Morgenrot wecken

[Dem Chormeister, nach der Weise »Vertilge nicht«; ein Lied Davids, als er vor Saul in die Höhle floh.]

2 Erbarme dich meiner, o Gott, erbarme dich meiner; / es flüchtet zu dir meine Seele.

Im Schatten deiner Flügel suche ich Zuflucht, / bis vorüber das Unheil.

3 Ich rufe zu dem Höchsten, dem Herrn, / zu Gott, der mir Gutes getan.

4 Er sende Hilfe vom Himmel und rette mich, / er schlage mit Schande, die mich verfolgen. / Gott sende seine Gnade und Treue.

5 Weilen muss ich inmitten von Löwen, / sie verschlingen Menschen voll Gier.

Ihre Zähne sind Lanzen und Pfeile, / ein geschliffenes Schwert ihre Zunge.

6 Zeige dich in deiner Hoheit am Himmel, o Herr, / über der ganzen Erde gehe auf deine Herrlichkeit!

7 Sie legten mir ein Netz vor die Füße, / meine Seele beugten sie nieder.

Sie hoben vor mir eine Grube aus, / o dass sie doch selber fielen hinein.

8 Mein Herz ist getrost, o Gott, mein Herz ist getrost, / ich will dir singen und spielen.

9 Wach auf, meine Seele; / Psalter und Harfe, wacht auf! / Ich will das Morgenrot wecken.

10 Unter den Völkern will ich dich preisen, Herr, / unter den Heiden will ich dir singen.

[11]Denn bis an den Himmel reicht dein Erbarmen, / bis an die Wolken reicht deine Treue.

[12]Zeige dich in deiner Hoheit am Himmel, o Gott, / über der ganzen Erde gehe auf deine Herrlichkeit!

Die Melodie dieses Psalms kennen wir bereits: »Vertilge nicht« (vgl. Ps 16). Ton und Text sagen einiges über den verheißenen Messias, der das Land des Friedens, der Gerechtigkeit und der Lebensfülle herbeiführen soll. In den vorausgehenden Kapiteln wurde darauf hingewiesen, dass die geschichtlichen Erfahrungen allmählich zur Vorstellung eines gewaltlosen Messias führen werden.

An dieser Stelle darf der alttestamentliche Horizont überschritten werden und von Jesus von Nazaret die Rede sein. Nach dem Neuen Testament ist er der in den Psalmen verheißene und erhoffte Messias. Bei seiner Taufe im Jordan (Mk 1,11) wird Psalm 2 zitiert: Jesus ist der von Gott gezeugte Sohn, und der Heilige Geist erscheint über ihm in der Gestalt einer Taube, das göttliche Programm, das Jesus realisieren soll: die Versöhnung mit allem und jedem. Deswegen wird er beschrieben als der, der »mit wilden Tieren zusammen war«, und als der, »dem die Engel dienen« (Mk 1,13). In ihm wird das ganze Universum versöhnt, das Unterste und das Oberste findet ihre Einheit im Sohn Gottes, dem Messias.

Die Schonung ist darum auch die Grundmelodie seines Lebens; Jesus wird den Weg der Gewaltlosigkeit gehen, nur Leben verbreiten und gewaltlos bleiben bis zuletzt. So heißt es in der ursprünglichen Fassung des

Weihnachtsliedes »Stille Nacht«, in der vierten und fünften Strophe: »... wo sich heut alle Macht väterlicher Liebe ergoss und als Bruder huldvoll umschloss Jesus die Völker der Welt. ... Lange schon uns bedacht, als der Herr vom Grimme befreit, in der Väter urgrauer Zeit aller Welt Schonung verhieß.«

Bei seinem Wirken wird der Messias allerdings Widerstand und Bosheit der Welt erleben. Davon ist in diesem Psalm zur Genüge die Rede. Da gibt es Menschen, die sich wie Raubtiere verhalten, die verschlingen und vernichten und nicht von ihrer Machtgier abrücken. Da gibt es all diese Mächte, vor denen David in die Höhle fliehen muss. Sein »Nachkomme«, der Messias, wird am Kreuz enden, wo noch einmal Psalm 2 zitiert wird: »Dieser war Gottes Sohn« (Mk 15,39). Gerade so vollzieht Jesus die Versöhnung der Welt, so entsteht das Paradies (Lk 23, 43).

Entsprechend werden bei der Geburt Jesu neue Lieder gesungen. Der Mensch erwacht, der Seele erscheint der Glanz Gottes. Es ist die Zeit der Morgenröte; darum muss sie geweckt werden. Mit allen Musikinstrumenten und in allen Tönen. Hoffnung ist angesagt.

Mit andern Worten: Die Vollendung, die im vorausgehenden Psalm auf das Ende der Geschichte datiert wird, bricht bereits innergeschichtlich an. Der erwartete Messias ist der gekommene. Freilich: dies unterscheidet Juden und Christen. Juden könnten vielleicht sagen: »Ob Jesus der Messias war, wird sich zeigen, wenn der Messias kommt« (Franz Rosenzweig). Andererseits liegt der Tatbeweis auf der Seite der Christen. Denn was hat sich denn verändert seit Jesu Geburt? Wo sind denn die hehren Worte Frieden, Gerechtigkeit, Lebensfülle in Tat und Wahrheit?

M. Gronemeyer berichtet in ihrem eindrücklichen Buch eine Szene, die schlagartig zeigt, welche großartige Melodie Psalm 57 anstimmt: Sie bezieht sich auf den amerikanischen Journalisten Dan Baum. »Ausgangspunkt seiner Recherche war eine Szene aus den ersten Wochen des Irakkriegs, die Baum auf CNN gesehen hatte: ›Eine kleine Einheit amerikanischer Soldaten ging in Najaf eine Straße entlang, als auf einmal Hunderte Iraker aus den Gebäuden auf beiden Straßenseiten quollen. Mit geballten Fäusten und vom Schreien angespannter Halsmuskulatur drangen sie auf die Amerikaner ein, die einander in blankem Entsetzen ansahen. … In dem Augenblick ging ein amerikanischer Offizier durch die Menge, er hielt das Gewehr hoch über seinen Kopf mit dem Gewehrlauf nach unten. Vor der Kulisse der brodelnden Menge war das eine ergreifende, geradezu biblische Geste. ›Auf die Knie‹, befahl der Offizier, der seine Erregung hinter den Gläsern einer großen Sonnenbrille verbarg. Die Soldaten sahen ihn an, als ob er verrückt sei. Dann kam einer nach dem anderen mit seiner schweren Ausrüstung zu Boden und kniete vor der kochenden Menge mit dem nach unten gesenkten Gewehrlauf. Die Iraker beruhigten sich, ihr Ärger verschwand. Der Offizier befahl seinen Männern, sich zurückzuziehen.«

Ist das nicht das ersehnte Morgenrot?

Ps 57 **Gebet**

Gott
Nimm uns die Waffen aus der Hand
und den Hass aus dem Herzen
Lass uns das Morgenrot wecken
und die Zeit des Friedens und der Gerechtigkeit einläuten
durch Christus unseren Herrn.

25. Psalm 45: Die Hochzeit

[Dem Chormeister, nach der Weise »Lilien«; von den Söhnen Korachs, ein Weisheitslied, ein Liebeslied].

3 Schön bist du wie keiner unter den Menschen, / ausgegos-
sen auf deinen Lippen ist Anmut: / so hat dich Gott gesegnet
auf ewig.

4 Gürte, du Starker, um deine Hüfte das Schwert, / lege an
deine strahlende Hoheit!

5 Sieghaft ziehe dahin für Treue und Recht, herrliche Taten
möge dich lehren dein Arm …

7 Dein Thron, o Gott, steht immer und ewig; / das Zepter
deiner Herrschaft ist ein Zepter des Rechts.

8 Du liebst die Gerechtigkeit, du hasst das Unrecht; / darum
hat Gott, dein Gott, dich gesalbt mit dem Öl der Freude wie kei-
nen deiner Gefährten …

10 Fürstentöchter ziehn dir entgegen, / es steht dir zur
Rechten die Braut, / geschmückt mit dem Gold von Ofir.

[11] *Höre, Tochter, siehe und neige dein Ohr; / vergiss dein Volk und das Haus deines Vaters!*

[12] *Nach deiner Schönheit verlangt der König; / er ist dein Herr, du neige dich ihm! …*

[14] *Die Königstochter in strahlendem Schmucke hält ihren Einzug, / von Gold gewoben ist ihr Gewand.*

[15] *In der Kleider farbiger Pracht wird sie zum König geführt, / Jungfrauen folgen ihr nach, ihre Freundinnen führt man zu dir.*

[16] *Sie ziehen dahin mit Jubel und Gesängen der Freude, / in den Palast des Königs ziehen sie ein …*

[18] *Deinen Namen will ich künden von Geschlecht zu Geschlecht; / darum werden die Völker dich preisen immer und ewig.*

Auch dieses Liebeslied gehört zu den messianischen Psalmen. Es soll nach der Lilienmelodie gesungen werden. Und das passt, denn seit jeher verbinden wir Lilien mit jener Schönheit, die von einer Braut ausgeht, und mit der großen Liebe, welche Frau und Mann miteinander verbindet. Auch in der Bibel ist das so: Der Geliebte des Hohenliedes nennt seine Geliebte »Lilie« (Hld 2,2) und auch Gott sagt »Lilie« zu seinem geliebten Volk Israel, mit dem er sich in intimer Liebe verbunden weiß (Hos 14,6).

So haben wir bereits bei der Nennung dieser Blume zwei Liebesverhältnisse. Das eine ist die Liebesbeziehung zwischen zwei Menschen, das andere die Beziehung Gottes zu uns. Historisch kann man sogar sagen, dass beide Verhältnisse sich gegenseitig hervorbringen: Je tiefer die Liebeserfahrung unter Menschen ist, umso mehr gelten die Worte, die man dafür findet, auch für die Gottesbeziehung. Und umgekehrt: Je intimer die Liebe Gottes erfahren wird, umso deutlicher tritt hervor, was sich zwischen liebenden Menschen abspielen kann. Im Neuen Testament wird man dafür sogar ein neues Wort einführen: *Agape* – die Liebe, in der Gott selbst der Liebende in der Liebe der Menschen ist. Oder auch: jene Liebe, in der Menschen sich gegenseitig zur Gotteserfahrung hinaufschwingen. *Agape* ist jene Liebe, in der letztlich Gott liebt und geliebt wird, gerade auch dann, wenn sich Menschen liebend umfangen. Und nochmals anders: *Agape* ist jene Liebe, in der Menschen sich bedingungslos in die Arme nehmen und dabei gemeinsam in die Tiefen Gottes hineinwachsen. Das ist dann auch der Grund, warum die Kirche von der Ehe als einem Sakrament spricht. Die Liebe Gottes spiegelt sich in einem menschlichen Verhältnis. Eine Ehe, die ist, was sie sein kann, ist der Ort, an dem sich Gottes Liebe vergegenwärtigt und innerweltlich zur Geltung bringt.

Scheinbar sind wir weit abgekommen vom Text des Psalms. Aber nur scheinbar. Denn es geht ja um den Gesalbten, den Messias, um jenen Menschen, in dem Gott selbst handelndes Subjekt ist. Zwar bleiben die Bilder noch etwas gewalttätigen Messiasvorstellungen verhaftet. Doch treten sie in den Hintergrund. Denn das Antlitz des Messias ist so leuchtend und strahlend, dass alle erotische Anziehungskraft von ihm ausgeht und alle Frauen dieser Welt aufbrechen und um Liebe werben. Und da die Braut schon dasteht – umgeben vom Glanz, den der Bräutigam verkörpert, üben sie sich in der Rolle der Brautjungfern. Letztlich geht es um die hohe Zeit der Liebe, die im Land der Lebenden anbrechen soll, um die paradiesische Liebe, in der Gott und alle Menschen miteinander verbunden sind.

Das ist auch der Interpretationsrahmen, in den hinein Jesus sich stellt. Er wirkt in Kana sein »Zeichen« (Joh 2): Diese und jede Hochzeit weist über sich hinaus – auf den »dritten Tag«, das heißt auf den Tag, an dem aller Tod überwunden ist, auf die »Stunde Jesu«, in der die bedingungslose Liebe Gottes offenkundig geworden ist, auf die Zeit, in der es nur die besten Weine gibt und erst noch in so großen Mengen, dass er nie mehr ausgeht und das Fest immerzu andauert. Bei Markus (2,18ff) gar gibt sich Jesus als messianischer Bräutigam zu erkennen. Wie kann man da noch fasten, wenn es eine Hochzeit zu feiern gilt. Wenn und in dem Maße, wie der Bräutigam da ist, gibt es eine psychologische Unmöglichkeit, zu fasten. Es gilt das größte Fest zu feiern, weil Gottes Liebe zugewandt ist. Da muss man singen, tanzen, festen. Mit diesem Psalm oder auch mit anderen Liedern.

Gebet

Gott
Wenn ich doch glauben könnte
dass Du mich und uns alle so liebst
wie ein Brautpaar in den Flitterwochen!
Wenn ich doch glauben könnte
dass ich lieben könnte!

[Ein Psalm, ein Lied für den Sabbat.]
2Gut ist es, zu preisen den Herrn, / deinem Namen, o
Höchster, zu singen,
3dein Erbarmen zu künden am Morgen / und in der Nacht
deine Treue,
4zur Zehnsaitenharfe und Leier, / mit Gesängen und
Saitenspiel.
5Denn dein Walten, o Herr, erfüllt mich mit Wonne, / über
das Werk deiner Hände frohlocke ich.
6Wie erhaben sind deine Werke, o Herr, / wie unergründlich
deine Gedanken!
7Der Unverständige kann es nicht fassen, / nicht wird es
erkennen der Tor …
11Wie das Horn des Ur hast du erhöht meine Kraft, / du
hast mich gesalbt mit lauterstem Öl.
12Und mein Auge sieht herab auf die Feinde, / frohe Kunde
höre ich über die Bösen, die mich befehden …
16Der Herr ist gerecht, / er ist mein Fels, es ist kein Unrecht
an ihm.

Ein Lied zur Hochzeit ist auch Psalm 92, der sich als »Lied für den Sabbat« zu erkennen gibt. Es ist der Messias selbst, der da singt und feiert, eine Vorstellung, die ganz nahe bei der Vorstellung des Johannesevangeliums steht: Es ist der auferstandene Messias, der sich in der Mitte des Gottesdienstes vergegenwärtigt, betet, jubelt und singt. Der Messias ist auch in diesem Psalm sozusagen erhöht und schaut siegreich auf alle Widerwärtigkeiten dieser Welt, wenn auch da und dort die Gewalt um die Ecke guckt.

Der Sabbat ist einer der segensreichsten Institutionen, welche die Menschheit kennt. Es ist der Tag, an dem alle Mühe Vergangenheit ist und alle Zwecke ruhen müssen. Ein Tag, an dem nur noch eines gilt: Gott und die ganze Schöpfung in seinem Glanz. Der Schöpfungsbericht (Gen 1,1 – 2,2) ist ja messianisch zu deuten. Das heißt: Der Sabbat ist der zukünftige Tag, an dem festgestellt werden wird: es ist gut, es ist alles sogar sehr gut! Es ist der Tag der Vollendung, der wöchentlich hineinragt in die Geschichte: ein Tag der Freiheit und des Friedens; alle Sehnsucht ist erfüllt, da zählt nur die Zukunftsmusik. Man kann und soll sich so verhalten, als wären die Ziele, um die wir tagtäglich kämpfen müssen, schon endgültig erreicht.

Auch die jüdische Spiritualität sieht die endzeitlich hochzeitliche Dimension des Sabbats. Da wird seit Jahrhunderten das *Lecha Dodi*, das Brautlied auf den Sabbat gesungen (zit. nach Geis, Vom unbekannten Judentum, S. 30f):

»Komm mein Freund, der Braut entgegen, / wir wollen den Sabbat empfangen. / Halte! Gedenke! in einem Wort ließ uns hören der einzige Gott. / Der Ewige ist einzig, sein Name ist einzig, / zum Ruhm und zum Lobgesange.

Komm, mein Freund, der Braut entgegen, / wir wollen den Sabbat empfangen. / Der Ruhe entgegen, auf, lasst uns gehn! / Denn sie ist uns des Segens Quell / von Anfang, von Vorzeit dazu ersehn, / Schöpfungsende, vom Anfang umfangen.

Ps 92 *Komm, mein Freund, der Braut entgegen, / wir wollen den Sabbat empfangen. / Königsheiligtum, königliche Stadt, / auf, aus der Zerstörung hervor! / Genug des Weilens im Tränental, / Sein Mitleid will dich umfangen.*

Komm, mein Freund, der Braut entgegen, / wir wollen den Sabbat empfangen. / Schüttle ab den Staub, erhebe dich, / in dein herrliches Kleid, mein Volk, kleide dich! / Durch den Sohn Isais von Betlehem / naht Erlösung meiner Seele Verlangen.

Komm, mein Freund, der Braut entgegen, / wir wollen den Sabbat empfangen. / Ermuntre dich, ermuntre dich, / auf, Leucht! denn es kommt dein Licht. / Erwach, erwach! Lieder sprich! Gottes Glanz ist dir aufgegangen!

Komm, mein Freund, der Braut entgegen, wir wollen den Sabbat empfangen. / Steh nicht beschämt, gräme dich nicht, / was bist du gebeugt, was betrübst du dich? / Schutz findet mein armes Volk in dir, / neuerbaut aus dem Schutt wirst du prangen!

Komm, mein Freund, der Braut entgegen, / wir wollen den Sabbat empfangen. / Es werden deine Räuber zum Raub, / es sinken deine Würger in Staub, / es freut sich über dich dein Gott / wie der Bräutigam an der Braut voll Verlangen.

Komm, mein Freund, der Braut entgegen, / wir wollen den Sabbat empfangen. / Rechts und links breitest du dich weit und dem Ewigen dienest du in Scheu. / Aus Peres Stamm kommt uns der Messias, / durch ihn werden wir Freude erlangen.

Komm, mein Freund, der Braut entgegen, / wir wollen den Sabbat empfangen. / Krone des Herrn, in Frieden tritt ein, / zu Freude, zu Jubel komme herein, in unsre Mitte, dein treues Volk, / komm Braut, komm Braut gegangen! / Komm, mein Freund, der Braut entgegen, / wir wollen den Sabbat empfangen.«

Gebet

Gott
Dein Tag sei unser Tag
Dein Fest mit uns
    Lass es uns feiern
Zeig uns, wer Du für uns bist
    und wer wir einmal sein werden
Darum bitten wir durch Christus unseren Herrn.

27. Psalm 132: Der Ort der Ruhe

[Ein Wallfahrtslied.] Gedenke, o Herr, in Gnaden des David, /
gedenke all seiner Mühe,
2*wie er geschworen hat dem Herrn, / wie er gelobte Jakobs*
mächtigem Gott:
3*Nicht will ich meines Herzens Wohnung betreten / nicht*
zur Ruhe besteigen mein Lager,
4*keinen Schlaf will ich gönnen den Augen, / den Lidern*
keine Erquickung,
5*bis ich gefunden eine Stätte für den Herrn, / eine Wohnung*
dem Mächtigen Jakobs …
7*Lasst uns wallen zu seiner Wohnstatt, / am Schemel seiner*
Füße niederfallen vor ihm!
8*Erhebe dich, Herr, geh hin zum Ort deiner Ruhe, / du und*
der Schrein deiner Herrlichkeit! …
10*Um deines Knechtes David willen, / verschmähe nicht das*
Antlitz deines Gesalbten!

[11]Einen Eid hat der Herr David geschworen, / wahrhaften Eid, von dem er nicht abgeht:

Einen Spross aus deinem Geschlecht, / ihn will ich erheben auf deinen Thron …

[13]Denn der Herr hat den Zion erwählt, / auserkoren zu seiner Wohnstatt.

[14]Dies ist der Ort meiner Ruhe auf ewig, / hier will ich wohnen, ihn habe ich mir erkoren.

[15]Segnen will ich seine Speise mit der Fülle des Segens, / seine Armen will ich speisen mit Brot …

[17]Dort errichte ich dem David ein Zeichen der Macht, / eine Leuchte bereite ich meinem Gesalbten.

Sabbat bedeutet Ruhe und ist der absolute Gegensatz zum Getrieben- und Gejagtsein. Deswegen wird das Bestreben der Menschen, Ruhe zu finden und unmittelbar dem Geheimnis Gottes zu begegnen, in der Spiritualitätsgeschichte *sabbatizare* genannt. Ein anderes Wort dafür ist »Kontemplation«. Jeder Tag soll ein bisschen Sabbat sein; in jede Mühe hinein soll Gottes Gegenwart wirken; der Alltag soll seine Härte verlieren, indem man sich an einen Ort der Ruhe zurückzieht.

Bedeutsam ist der mehrfach verwendete Begriff »Ort der Ruhe« in unserem Psalm. Gemeint ist die Wohnung Gottes auf dem Berg Zion. Nach langer Zeit nomadischer Existenz, des Hin- und Herziehens, wird das Volk Israel sesshaft. Statt der mitgeführten »Bundeslade«, in der sich Gott vergegenwärtigt, baut David Gott ein festes Haus, einen Ort der Ruhe. Und man kann zu diesem Ort pilgern und dort etwas von der Sabbatruhe und die messianischen Verheißungen finden: Freude, Frieden, Lebensfülle und Jubel, Tanz und Freude.

So wird der Berg Zion eine Art »Sakrament«, ein Wirkzeichen für die messianische Ruhe, in der alles sehr gut ist. Er weist auf etwas Zukünftiges hin und vergegenwärtigt es im Hier und Jetzt. Und immer wieder kann der Mensch, der zeit seines Lebens nie zur Ruhe kommt, sich auf den Weg machen und Ruhe finden: Das Fest der Gegenwart Gottes feiern; *sabbatizare* in der Ferne oder auch in den eigenen vier Wänden.

Doch aufgepasst: Man darf dabei weder die Realität, in der wir leben, aus den Augen verlieren, noch darf man sich an Gott und seinen Verheißungen festbeißen. Deswegen ist die Rede vom »Schemel seiner Füße« und vom »Schrein seiner Herrlichkeit«. Der fromme Jude stellt sich einen Gnadenstuhl vor, auf dem Gott sitzt. Aber davon ist nur gerade der Schemel sichtbar; er selbst bleibt im Verborgenen.

Gott ist also da, aber nicht so, dass er verdinglicht werden dürfte oder könnte. Er bleibt der Unbegreifliche und Unerforschliche. Man kann ihn anrufen, aber man kann ihn nicht fassen. Man soll und kann vor ihm niederfallen, anbeten und tanzen, aber man kann ihn nicht einmal berühren. So etwas geschieht einmal im Jahr, an *Jom Kippur*, dem großen Versöhnungsfest. Da geht der Hohepriester, nur er und keiner sonst, aber stellvertretend für alle, mit etwas Blut ins Allerheiligste und berührt damit den »Schemel seiner Füße«. Und das Volk darf glauben und wissen: Wir sind versöhnt, Gott hat sich zugänglich gemacht.

Von daher wird auch die Bedeutung des Todes Jesu ersichtlich: Als er starb, riss der Tempelvorhang von oben bis unten entzwei (Mk 15,38) und gibt also den Blick frei ins Allerheiligste. Gott ist fortan zugänglich, das ganze Jahr hindurch, immer und ewig; und niemand muss sich von einem anderen vertreten lassen. Jeder und jede steht ohne Vermittlung dem zugänglichen Gott der Liebe und des Lebens gegenüber.

Aber noch einmal: Auch die messianische Zukunft, die sich so vergegenwärtigt, steht nicht in unserer Verfügung. Nur in der Gestalt der Anbetung und der glaubenden Hoffnung vergegenwärtigt sich der »Ort der Ruhe«. Um ihn herum bleibt es in dieser Zeit unruhig und mühsam.

Gebet

Gott
Wie mühsam ist es doch,
mitten im Alltag ruhig zu werden
und das Leben zu spüren.
Und wie nötig ist das doch,
damit wir sind, wer wir sind:
Deine Töchter, Deine Söhne
durch Jesus unseren Bruder und Herrn.

1Preist den Herrn, denn er ist gut, / in Ewigkeit währt sein
Erbarmen.
2So sollen sprechen die Erlösten des Herrn, / die er befreit
aus den Händen des Feindes,
3die er zusammengeführt aus den Landen, / von Aufgang
und Niedergang, von Nord und vom Süd.
4Im öden Land irrten sie umher, in der Wüste, / nicht fan-
den sie den Weg zu wohnlicher Stätte.
5Sie litten Hunger und Durst, / ihr Leben war am Erlöschen.
6Und sie schrien zum Herrn in ihrer Bedrängnis, / und er
befreite sie aus all ihren Ängsten.
7Und er führte sie auf geradem Weg, / dass sie kamen zu
wohnlicher Stätte.
8Danken sollen sie dem Herrn für all seine Gnade, / für die
Wunder, die er den Menschenkindern getan hat …
10Sie saßen in Dunkel und Todesschatten, / gefesselt in
Elend und Eisen.
11Denn sie hatten getrotzt dem Wort des Herrn / und
gering geachtet den Ratschluss des Höchsten.
12Darum beugte er durch Trübsal ihr Herz, / sie sanken
dahin und niemand war da, sie zu halten.
13Und sie schrien zum Herrn in ihrer Bedrängnis, / und er
befreite sie aus all ihren Ängsten.
14Und er führte sie heraus aus Dunkel und Todesschatten, /
und er zerriss ihre Fesseln.
15Danken sollen sie dem Herrn für all seine Gnade, / für die
Wunder, die er den Menschen getan …

32*Und sie sollen ihm danken in der Versammlung des Volkes, / im Rat der Alten ihn loben …*

41*er hob die Armen empor aus dem Elend, / und die Geschlechter machte er zahlreich wie Herden.*

Ein anderer Ort, die erfahrene Erlösung und die messianischen Hoffnungen zu besingen, ist der Gottesdienst. Liturgie, Eucharistie (»Danksagung«), die Feiern des Glaubens sind für die gläubige Existenz lebensnotwendige Vollzüge. Man steht da nicht für sich allein vor Gott, so notwendig das einsame Beten und Danken auch ist. Da gibt es auch andere, deren Glauben auch für mich bedeutsam ist. Da fügt sich ein Wir, ein Ineinander vielfältiger Erfahrungen – jede dieser Erfahrungen ist Grund des Fragens, des Zweifelns, der Anbetung, des Dankes, des Jubels.

Von dieser Art ist Psalm 107. Er ist eine Art Rollenspiel. Darin ruft der Leiter des Gottesdienstes die verschiedenen Erfahrungen auf: Da gibt es solche, die herumgeirrt sind in der Komplexität des Lebens, die die Wüste erlebt und Hunger und Durst gelitten haben; solche, die in der Todesnähe und in vielfältiger Angst lebten; solche, die Schiffbruch erlitten und in Seenot gerieten; solche, die von der Geschichte gebeutelt wurden; die Beispiele könnten beliebig vermehrt werden. Alle gerieten in Bedrängnis und haben keinen anderen Weg gewusst, als sich Gott zuzuwenden, und er hat sich als Befreiung und Erlösung erwiesen.

Der Psalm ist ein kunstvoll gewobenes Gedicht. Es hat eine gleichbleibende Struktur in allen »Strophen« und lädt ein, mit Hilfe dieser Struktur eigene Erfahrungen aufzuschreiben und in den großen Gottesdienst der *Kahal* (hebräisch: Versammlung des Herrn) einzubringen.

Gebet

Wenn wir in Not geraten
lass uns nicht verstummen
Lass uns Deine Hilfe erfahren
Rettung und Befreiung
durch Christus unseren Herrn.

29. Psalm 137: In der Fremde

1 An den Flüssen von Babel / saßen wir und weinten, / da wir
deiner gedachten, o Zion.
2 An den Weiden in jenem Land, / da hängten wir unsere
Harfen auf.
3 Denn Lieder wollten hören, die uns hinweggeführt hatten,
/ die uns bedrückten, forderten Freudengesang: / Singt uns von
Zion ein Lied!
4 Wie sollten wir singen die Lieder des Herrn / im Land der
Fremden!
5 Jerusalem, wollte ich deiner vergessen, / vergessen auch sei
meine Rechte.
6 Es klebe mir die Zunge am Gaumen, / sollte ich deiner
nicht mehr gedenken, wollte ich nicht erheben Jerusalem / über
all meine Freude.

Ps 137 Wie wichtig der Berg Zion und die mit ihm verbundenen endzeitlichen Verheißungen für das Volk Israel doch sind! In diesem Klage- und Fluchpsalm zeigt sich, dass sogar die Feinde Israels fasziniert waren von den jüdischen Sehnsuchtsliedern.

Diese Lieder weisen über den Alltag mit seiner Not hinaus. Was wir hier und jetzt erleben, ist nicht das letzte Wort. Gott wird alles sehr gut machen. Er wird seinen Sabbat mit uns feiern, wir werden einmal nur noch hochzeitliche Stimmung kennen. Immer wieder singen die Gläubigen diese Lieder, jeden Tag, besonders aber an dem Tag, an dem man so tut, als wäre das Ziel bereits da, am Sabbat.

Nun aber wird alles zerstört, was diese Hoffnung anzeigte: der Tempel und damit verbunden auch dieser heilige Tag, der Sabbat; das eigene Haus und die familiäre Geborgenheit; die Siedlungen sind dem Erdboden gleichgemacht; viele sind umgekommen, viele gefangen genommen und in ein fremdes Land gebracht worden; selbst verwandte Stämme wie die Edomiter haben gemeinsame Sache mit der »Verwüsterin Babylon« gemacht. Nun sitzt man da an fremden Flüssen und hat schreckliches Heimweh. Kein Berg Zion, bei dessen Anblick die Hoffnung Flügel bekommt; die Lust, die Lieder der Verheißung zu singen, ist verloren gegangen. Auch Befehl und Wunsch der fremden Herren holen die Harfen nicht von den Weiden herunter, an die man sie gehängt hat.

Was tun, wenn einem die Sonne untergegangen ist? Wenn keine Mitte mehr da ist, die sammelt? Wenn alles zerbrochen ist, was einem Sinn und Halt gegeben hat? Wenn die Gewalt über das alltägliche Leben verfügt, und wenn die Freiheit keine Spielräume mehr kennt? Wenn man ohnmächtig und gedrückt in einem total fremden Land lebt?

Gerade für Opfer der Gewalt ist der Ruf nach Rache und Vergeltung nahe. Und das ist selbstverständlich. Die Verfluchung ist oft die einzige Waffe, die einem bleibt. Entsprechend schreckliche Sätze stehen in diesem Psalm: »Vergiss nicht, Herr, den Söhnen von Edom / den Tag von Jerusalem, als sie schrien: Reißt nieder, reißt nieder, / hinab mit ihm bis auf den Grund! Tochter Babel, Verwüsterin du, / gesegnet, wer dir vergilt, was du uns Böses getan! Gesegnet, wer deine Kinder ergreift / und sie zerschellt an dem Felsen!« (Ps 137,7–9).

Aber dürfen solche Worte über die Lippen kommen, so verständlich sie sind? Müssen sie, wenn sie denn aufkommen wollen, nicht dem Gott entgegengestreckt werden, der sie zu verwandeln vermag? Dann könnte statt Fluch Segen, statt Rache Vergebung überhand nehmen, ja sogar die messianische Hoffnung auf umfassenden Frieden erneut entstehen.

Wie immer: Der Psalm zeigt, wie zerbrechlich die messianische Hoffnung ist. Sie will sich in historischen Bedingungen zur Geltung bringen, die ihr denkbar größtes Gegenteil sind: in der Fremde, im Exil, im Tal der Tränen, in Tod und Not, in all den Situationen, in denen die Sehnsucht zu sterben droht und das Lied verstummen will.

Ps 137 **Gebet**

Gott
Lass uns den Sinn erkennen
wo nichts mehr von Dir spricht
Gib uns Lieder, die nicht verstummen
und eine Hoffnung, die nicht stirbt
Darum bitten wir durch Christus unseren Herrn.

30. Psalm 22a:
Wo Gott am weitesten von sich entfernt ist

1*[Dem Chormeister, nach der Melodie »Hirschkuh am Morgen«; ein Psalm von David.]*
2*Mein Gott, mein Gott, warum hast du mich verlassen! / Warum bist du fern meinem Flehen, dem Ruf meiner Klage!*
3*Ich rufe am Tag, o Gott, und du hörst nicht; / ich rufe in der Nacht und du hast für mich keine Antwort.*
4*Und wohnst doch in dem Heiligtum, / gepriesen von Israel.*
5*Auf dich haben unsere Väter gehofft, / sie hofften und du hast sie befreit.*
6*Sie riefen zu dir und wurden gerettet, / sie vertrauten auf dich und wurden nicht zuschanden.*
7*Ich aber bin ein Wurm und kein Mensch, / der Leute Spott und des Volkes Verachtung.*
8*Alle, die mich sehen, sie verspotten mich, / sie verziehen die Lippen, schütteln das Haupt:*

9*Er vertraute auf Gott, der mag ihn retten; / der mag ihm helfen, wenn er ihn liebt.*

10*Du bist es, der mich aus dem Mutterschoß geführt, / du ließest sorglos mich ruhen an der Brust meiner Mutter.*

11*Dir bin ich zu Eigen von Anbeginn, / vom Schoß meiner Mutter an bist du mein Gott.*

12*Steh mir nicht fern in meiner Not, / sei mir nahe, denn nirgends ist Hilfe …*

15*Hingegossen bin ich wie Wasser, / auseinandergerissen ist all mein Gebein.*

Mein Herz ist geworden wie Wachs, / zerflossen in meinem Innern.

16*Vertrocknet wie eine Scherbe ist meine Kehle, / die Zunge klebt mir am Gaumen, / du hast mich hinabgeführt zum Staub des Todes …*

20*Du aber steh nicht fern, o Herr; / du, meine Hilfe, eile herbei, mich zu retten.*

21*Entreiße meine Seele dem Schwert, / aus der Hunde Gewalt errette mein Leben.*

22*Aus dem Rachen des Löwen befreie mich, / aus den Hörnern der Büffel rette mich Armen.*

Welche Hoffnung hat die Maus in der Falle? habe ich vor vielen Jahren in einem Text gefragt. Welche Hoffnung hat eine Hirschkuh (!), die am Morgen früh erlegt wird? Dies ist die deprimierende Grundmelodie des Psalms. Hoffnungslos ist die Situation für die Hirschkuh selbst, aber auch für das Kalb, das sie hinterlässt. Anders gefragt: Welche Hoffnung haben Menschen, die nur noch

Schmerz sind und deren Todesnähe unumkehrbar ist? Und was ist, wenn dieser Mensch gar noch der Messias ist, auf den alle vertrauen, und er wird umgebracht? Was bleibt dann noch von der erträumten Zukunft?

Der Beter des Psalms fühlt sich von allen guten Geistern verlassen. Gott ist fern; er ist überhaupt nicht mehr erfahrbar. Der Beter ist allen erdenklichen Foltern ausgesetzt; sadistische Menschen toben sich an ihm aus. Von menschlicher Würde keine Spur: Nur noch ein Wurm, den man achtlos zertritt, ist dieser Mensch. Das Leben enthält keinen Halt, alles zerfließt, zerflättert. Die Stimme scherbelt, die Kehle vertrocknet, alles nur noch trockene Wüste und kein Wasser in Sicht. Der Tod schaut aus allen Poren.

Dabei hat sich dieser Mensch von Geburt an als Sohn Gottes verstanden. Seine ganze Existenz ruht im Geheimnis Gottes; auf ihn ist er von Mutterleib an »geworfen«. Gott ist sein Inhalt und seine Prägung; das ganze Leben ist *theonom,* auf Gottes Weisung ausgerichtet; wird von Gott her und auf ihn hin gelebt. Nun aber fühlt er sich von Gott im Stich gelassen und der ewigen Nacht und dem Tod ausgeliefert. Zwar ist die Hoffnung noch nicht endgültig erloschen: Er schreit und fragt ins Dunkle hinein, und er stellt die Frage aller Fragen: Warum? Warum hast Du mich verlassen? Solange jemand seine Fragen in den leeren Himmel schreit, hat er noch Aussicht. Der Kult im Tempel, das Gebet der Gemeinschaft – vielleicht ist doch nicht alles vergeblich.

Psalm 22 – ein messianischer Psalm? Ist dies das

Schicksal des von Gott Erwählten und Gesalbten? Das Christentum hat diesen Psalm so verstanden. Jesus hat ihn, so berichten die Evangelisten, am Kreuz teilweise oder gar als ganzer gebetet. Zentral ist vor allem der Schrei (Mk 15,37) der Gottverlassenheit (Mk 15,34): »Als er auf Erden lebte, hat er mit lautem Schreien und unter Tränen Gebete und Bitten vor den gebracht, der ihn aus dem Tod retten konnte, und er ist erhört und aus seiner Angst befreit worden« (Hebr 5,7). Hier wird bereits die Auferstehung angezeigt.

Doch bleiben wir noch etwas bei dieser schrecklichen Gottverlassenheit. Wie wenn Gott sich auf den Weg machte und in die absolute Gottferne einträte? Wie wenn Gott wirkte, nicht nur in den erhebenden Augenblicken des Lebens, sondern auch mitten in den zerstörerischen Kräften dieser Welt? Wie wenn sich der lebendige Gott in den Tod einnistete? Wie wenn er gar in die Hölle hinabstiege? Ist Gott nicht wie das Wasser, das immerzu nur den tiefsten Punkt aufsucht? Und er vergegenwärtigte sich infolgedessen in der tiefsten Nacht und in der größten Tragik. Was wäre dann die Hölle noch? Und was der Tod? Und was die Tragik? Dann wäre der Tod Gottes eine messianische Tat. Dann vollendete Gott seine Schöpfung – und alles wäre sehr gut.

Jedenfalls haben Simone Weil oder der große Theologe Hans U. von Balthasar solche Gedanken zu denken gewagt. Sie konnten sagen: Das Kreuz ist der Ort, »an dem Gott am weitesten von sich entfernt ist«. Oder: Im Kreuzestod Jesu stirbt Gott den Tod der Welt und das ist das endgültige Ende des Todes. Oder: Jesus ist in die Hölle gestiegen und hat dort das Zeichen der Hoffnung aufgerichtet, so dass man jetzt sagen kann: »Hölle, wo ist dein Sieg? Hölle, wo ist dein Stachel« (vgl. 1 Kor 15,55).

So erfüllt sich auf unaustauschbare Weise, dass Gott das handelnde Subjekt in der Geschichte ist. Sein gekreuzigter Sohn wendet das Geschick der Menschen: Gottes Reich ist da.

Gebet

Gott
Sei alles in allem
Dem Tod und der Hölle das Ende
Dem Leben, der Liebe alle Zukunft
Darum bitten wir
durch Christus unseren Herrn.

VIERTE HARFE:

Der neue Bund

22 *Du hast mich erhört!*
23 *Deinen Namen will ich künden den Brüdern, / inmitten
der Gemeinde will ich dich preisen.*
24 *Die ihr fürchtet den Herrn, erhebt ihn, / all ihr Söhne
Jakobs, lobpreist ihn, / fürchtet ihn, alle von Israels Stamm.*
25 *Denn er hat nicht verschmäht / noch verachtet das Elend
des Armen,*
*vor ihm nicht verborgen sein Angesicht, / er hat ihn gehört,
da er schrie zu ihm.*
26 *Dir gilt mein Lob in großer Gemeinde; / vor allen, die
dich fürchten, löse ich ein mein Gelübde.*
27 *Die Armen essen und sie werden gesättigt, / lobpreisen
sollen den Herrn, die ihn suchen: / Euere Herzen werden leben
in Ewigkeit.*
28 *Daran sollen denken alle Enden der Erde / und sich
bekehren zum Herrn;*
Niederfallen werden vor ihm / alle Stämme der Heiden.
29 *Denn das Königtum ist zu Eigen dem Herrn, / er ist der
Herrscher der Völker.*
30 *Nur ihm sollen huldigen alle Mächtigen der Erde; / vor
ihm sich beugen alle, die hinabführen zum Staub.*

Der zweite Teil von Psalm 22, von dem wir annehmen, dass ihn Christus am Kreuz gebetet hat, steht in einem völligen Gegensatz zur existenziellen Leidensbeschreibung des ersten Teiles. Vielleicht hat der Beter in der scheinbar unumkehrbaren Todesnähe den Blick auf die

Glaubensgemeinschaft gerichtet, ja sich innerlich an deren Lob- und Preisgottesdiensten beteiligt. Und hat sich daran aufgerichtet und sagen können: »Du hast mich erhört!«

Glücklich die Menschen, die sich am Singen der anderen aufrichten können. Das habe ich selbst, wo es mir sehr schlecht ging, am eigenen Leib erfahren dürfen. Jemand hat mich aus meinem Zimmer geholt, in dem ich allein war, ungetröstet und Trübsinn blasend. Wie wohl hat mir das getan: Zunächst hörte ich die andern singen, dann habe ich tastend und leise mitgesungen, mit der Zeit sang ich vollen Herzens – und alles war gut. Deswegen sollten wir in unseren Glaubensgemeinschaften viel und lange singen. Schade, dass wir aus unerfindlichen Gründen bereits aufhören zu singen, wo es in uns erst zu singen beginnt.

Vermag aber dieser Sog des gemeindlichen Gesangs die völlig veränderte Stimmung zu erklären, die wir im Text dieses Psalms feststellen? Waren es ursprünglich vielleicht zwei verschiedene Lieder, die dann aus irgendwelchen Gründen zu einem einzigen Lied verschmolzen wurden? Eine andere Auffassung drängt sich auf. Wird hier nicht von den Gottesknechtsliedern her (Jes 42ff) ein neues Gottesbild greifbar und ein neues Verständnis des messianischen Auftrags? Gott ist im Leiden gegenwärtig; mehr noch: Er bewirkt Erlösung und Heil durch seinen Knecht, im Erleiden von Not und Tod.

Neutestamentlich ist Psalm 22 in diesem Sinn gedeutet worden: Der Gekreuzigte wird zum Auferstandenen;

der Tote wird ins Leben Gottes gerufen; gewaltlos und im Leiden vollendet Gott seine Schöpfung und die Geschichte der Menschen.

Eine solche Deutung wäre dann auch die Antwort auf eine bewegende Frage. Wo ist Gott im Leiden der Menschen und im Tod der Unschuldigen? Sie wäre auch von Belang für eine neue Deutung des Schöpfungsvorgangs. Die naturwissenschaftlichen Erkenntnisse zeigen uns ein doppeltes Gesetz der Evolution. Einmal das konstruktive: Alles Leben entfaltet sich; es baut sich auf; es findet immer dichtere, höhere und komplexere Lebensformen; die in der Natur liegenden Kräfte setzen sich durch. Auf der andern Seite das destruktive Gesetz: Jeder Fortschritt und jede »Vervollkommnung« des Lebens entsteht auf Kosten anderer, die leiden und sterben müssen. Die einen entwickeln sich auf dem Rücken der anderen; kein neuer Schritt nach vorn, ohne dass nicht etwas anderes zerstört wird.

Ist aber diese naturwissenschaftlich so beschriebene Welt wirklich die Schöpfung, die wir Gott zuschreiben wollen? Wäre Gott dann nicht grausam, noch bevor der Mensch auf der Bildfläche erscheint? Naturkatastrophen, die Grausamkeit der Tiere, das Fressen und Gefressenwerden – entspricht dies wirklich dem letztgültigen Willen Gottes? Tritt uns da die Schöpfung entgegen, von der es heißt, Gott habe sie »gut«, ja sogar »sehr gut« geschaffen?

Ganz anders ist es, wenn wir Schöpfung und Vollendung zusammenbringen können. Und zwar in der Weise, dass Gott innergeschichtlich sich selbst personal engagiert, dass alles gut, ja sogar ganz gut wird. Er macht sich zum Subjekt des Handelns in seinem »gezeugten Sohn« (Ps 2); er wendet die Not, indem er in sie eintritt. Er behielte dann das letzte Wort: Auferstehung und Leben in Gott.

So wären wir verwickelt in einen »göttlichen Aufstand«, in einem Neuen messianischen Bund verbunden. Werkzeuge des Lebens, in denen der Auferstandene selbst gegenwärtig bleibt und wirkt.

Gebet

Gott
Bilde Fleisch um meine toten Knochen
Mach mich lebendig
    und ich wirke, was du willst
das Ende des Todes, des Hasses, der Ausbeutung
den Anfang des Lebens, des Friedens, der Gerechtigkeit
Darum bitte ich durch Christus unseren Herrn.

32. PSALM 105: Die Feier des Endgültigen

1Preist den Herrn, ruft aus seinen Namen, / macht kund seine Werke unter den Völkern!

2Singt ihm, spielt ihm, / erzählt all seine Wunder!

3Rühmt euch in seinem heiligen Namen! / Die suchen den Herrn, ihre Herzen sollen sich freuen!

4Schaut auf den Herrn und schaut seine Macht, / sein Angesicht sucht allezeit …

7*Er ist der Herr, unser Gott, / gültig in aller Welt sind seine
Urteile.*
8*Er gedenkt seines Bundes auf ewig, / seiner Verheißung,
gewährt für tausend Geschlechter,*
9*des Bundes, den er geschlossen mit Abraham, / des Eides,
den er Isaak schwur …*

Mehrfach ist in diesem Psalm vom Bund die Rede, den Gott mit dem Volk Israel geschlossen hat, und von der Treue, mit der er seinem Volk verbunden bleibt. Gepriesen wird die Geschichte dieses Bundes, in deren Mitte die große Befreiungstat Gottes steht. Erinnert wird der Exodus des Abraham aus dem Land Ur und des Volkes Israel aus Ägypten – und dies in der Form eines jährlich wiederkehrenden Hochfestes. Die Juden nennen es *Pessach*. Die Befreiungstat Gottes ist bleibend aktuell. Sie vergegenwärtigt sich im Hier und Jetzt. Wir dürfen auf die Bundestreue Gottes zählen. Wir können und sollen jetzt schon das Endgültige feiern.

Die Christen bleiben dieser Tradition verbunden. Sie sprechen von Ostern und vom Neuen Bund, der mit dem Tod und der Auferstehung Jesu beginnt. In der lateinischen Tradition ist sogar der Name geblieben: die Christen feiern das »Paschamysterium«, das Geheimnis, welches den messianischen Sieg über Not und Tod ins Zentrum stellt und uns jetzt schon hineinzieht in die Vollendung der Schöpfung. Und wie sich Pessach symbolisiert im Essen der *Mazzot*, des ungesäuerten Matzenbrotes, so verdichtet sich Ostern im Sakrament des

Brotes. Wir sollen dieses Brot essen und hineinwachsen in das Leben des lebendigen Gottes. Nicht dass wir das Endgültige endgültig haben! Wir feiern das Endgültige in zerbrechlichen Gefäßen, aber es singt in uns und will durch uns innergeschichtlich einen festen Ort bekommen.

Zu diesem zentralen Fest der Juden und Christen, das auch mit Psalm 150 einen dichterischen Ausdruck findet, gibt es einen eindrücklichen Text von H. Spaemann: »Die Bibel kümmert sich mehr um Zeit als um Raum. Ereignisse interessieren sie mehr als Länder u Dinge. JHWH offenbart sich Israel als Herr des Geschehens, der Geschichte – in Ereignissen. Konstitutiv für das Volk Gottes sind Auszüge: der Auszug Abrahams aus dem Land seiner Väter, in ein Land, das Gott ihm zeigen wird (Gen 12,1); der Auszug der Kinder Israels aus Ägypten, einem Großreich, in dem das Raumdenken mit seinem numinosen Inventar alles beherrschte. Dieser Großraum wurde für die Hebräer (anfangs dort willkommene Asylanten) durch Dekret eines Pharaos zum ›Sklavenhaus‹, das sie einsperrte (Ex 20,2). Aus so erfahrener Enge führt Gott sein Volk in die Freiheit. Dem Auszug Israels entspricht in seinen Gedächtnisfeiern, seinen liturgischen Festen, kein Einzug etwa in andere Raumgrenzen hinein. Es feiert Pascha, Befreiung, aber nicht Landnahme. Die Feste Israels haben ihr Thema alle im Reich der Zeit. Das kleine Land, das JHWH seinem Volk zuweist, ist in biblischer Perspektive offen auf eine ganz einzigartige Entgrenzung hin, auf das alle Schöpfung einmal einbegreifende Reich des Messias, in dem Israel und mit ihm alle Völker befreit sein werden zur Freiheit der Söhne Gottes. In der ... Geschichte vom Paradies wird dieses Reich vorgeahnt. Jesus kündet seinen Anbruch für die Menschheit an mit dem Wort zum rechten Schächer am Kreuz: ›Heute noch wirst du mit mir im Paradiese sein.‹ In ihm öffnet sich das Land, das Gott Abraham zeigen wollte. Glaube an Jesus als den Messias ist beginnender Einlass in die vollkommene Freiheit, in das neue Leben aus göttlichem Ursprung. Aber noch leben wir erst in Vorerfahrungen der kommenden Welt, noch warten wir Christen (zugleich mit dem altbundlichen Gottes-Volk) auf den Messias als den endgültigen Entgrenzer, der alles noch in den Mauern und Grenzen menschlicher Ich-Gehege Gefangene und Seufzende in seine Freiheit einbeziehen wird – am Tag seiner endgültigen Offenbarung« (H. Spaemann, Was macht die Kirche mit der Macht, S. 5ff).

Gebet

Gott
Entgrenze uns
Befreie uns aus dem Ich-Gehege
Nimm uns hinein in Deine Weite
und in Deine österliche Dynamik
Durch Christus unseren Herrn.

33. Psalm 106: Die Gefahr des Vergessens

1 *Preist den Herrn, denn er ist gut; / in Ewigkeit währt sein*
Erbarmen.
2 *Wer mag erzählen die mächtigen Taten des Herrn, / wer*
mag künden all seinen Ruhm?
3 *Selig, die handeln nach seinen Geboten, / Gerechtigkeit*
üben zu aller Zeit.
4 *Gedenke meiner, o Herr, gedenke in Huld deines Volkes, /*
mit deiner Hilfe suche mich auf,
5 *dass ich mich labe am Glück deiner Erwählten, / an deines*
Volkes Freude mich freue, / mich rühmen darf samt deinem
Erbe …
19 *Am Horeb schufen sie sich ein Kalb, / warfen sich nieder*
vor dem Bildwerk, das sie gegossen aus Gold.
20 *Und sie vertauschten den allherrlichen Gott / gegen das*
Bild des Stiers, der sich nährt von Gras.
21 *Gott vergaßen sie, der sie errettet hat, / der große Zeichen*
gewirkt hat in Ägypten …
44 *Doch wieder schaute er hin auf ihre Bedrängnis, / sobald*
er ihr Flehen vernommen,
45 *und gedachte seines Bundes und war ihnen gnädig, / und*
er wandte seinen Sinn aus großem Erbarmen.
46 *Und Gnade ließ er sie finden bei allen, / die sie fortgeführt*
hatten in Gefangenschaft.
47 *Rette uns, Herr, unser Gott, / und führe uns heim aus den*
Völkern,
auf dass wir preisen deinen heiligen Namen, / in deinem
Lob uns rühmen.

48 *Gepriesen sei der Herr, der Gott Israels, immer und ewig.*
/ Und alles Volk soll sprechen: Amen, so sei es! Halleluja!

Auch Psalm 106 gehört in den Kontext der jährlichen Pessach-Feier. Er schildert, wie das Volk Israel Gott und seine Befreiungstat vergisst. Es vertauscht JHWH, der doch nichts anderes ist als lauter Gegenwart, zugewandtes Antlitz, helfende Hand und befreiendes Zugreifen, gegen das goldene Kalb, ein selbstgemachtes Gebilde, materiell zwar wertvoll, aber letztlich ohne Bedeutung. Vielleicht ist es auch die Verherrlichung der eigenen männlichen Zeugungskraft. Aber Sexualität und Manneskraft – was ist das schon gegenüber der Lebensmacht Gottes, die über den Tod hinausführt ins ewige Leben.

Das Vergessen des befreienden Gottes ist auch die Gefahr, welcher wir immer wieder erliegen. Besitz, Eigentum, Gier und Geld sind der todbringende Mammon, den wir immer wieder anbeten (Mt 6,24). »Geographische Räume, in die Gott sein Volk führt, sind also immer nur Vorräume, vielleicht zu unserer Läuterung immer wieder auch Gefängnisräume – auf größere Freiheit hin, dazu bestimmt, die Aufbruchsbereitschaft und die Sehnsucht nach der Weite und Freiheit, für die wir bestimmt sind, wach zu halten … Die Geschichte Israels und der Kirche ist ein Ringen Gottes mit einem Volk, das seine eigensüchtige Kurzsichtigkeit nie ganz los wird, das immer wieder hineindrängt in größere irdische Macht-Räume mit prächtigerem Inventar, mit größerem äußeren Besitz. Dann aber ist es in Gefahr, seine Berufung zu verlieren, sein unterscheidendes prophetisches Merkmal unter allen Völkern. Und das besteht darin, dass es in der Vorläufigkeit von Hoffenden lebt ... dass es als Zeuge von Gottes Vorhaben mit den Menschen Pilger und Fremdling bleibt in dieser Welt, bis das Ziel der Zeiten endgültig erreicht ist. Die avantgardische Bedeutung des Gottesvolkes liegt in der Armut, in der gelebten Offenheit für die Verheißung Gottes, die den in sich selbst hinein verkrümmten, in Räume und Besitztümer gefangenen Menschen herüberruft in die unendliche Freiheit neuen Lebens aus Gott und mit Gott selbst. Die Sünde Israels war es, und die der Kirche wurde es wiederum, dem Denken und Planen in Richtung Raum- und Inventarerweiterung nachzugeben, sich mit weniger zu begnügen als mit dem lebendigen Gott, indem man auch ihn doch wieder einordnete in ein wachsames Arsenal von Raumdingen, Riten, Bräuchen, Gesetzen und einer immer aufwendigeren Institution. Gegen solches Raumdenken, in das man auch Gott einordnet, gegen Verabsolutierung oder auch Überbewertung von Institutionen und Menschenwerk richtet sich in der Bibel der prophetische Protest. ›Der Höchste wohnt nicht in Menschenwerk. Was für ein Haus wollt ihr mir bauen?‹ Dieses Jesajawort zitiert Stephanus jenen Menschen, deren Denken um Tempeldienst und Gesetzesauslegung, um ausgesparten und abgegrenzten Heilsraum, um tradierte Verhaltensmodelle wie um Endgültigkeit kreist (Apg 7,49). Das führte zu seiner Steinigung und zur Verfolgung der Anhänger Jesu« (H. Spaemann, Was macht die Kirche mit der Macht?).

Gebet

Gott
Bringe Dich immer wieder zur Geltung
wenn wir Dich vergessen wollen
Sammle uns in Deiner österlichen Dynamik
wenn wir Deinen Gegenkräften zu erliegen drohen
Durch Christus unseren Herrn.

34. Psalm 20: Die Macht der Machtlosen

*2Es erhöre dich der Herr am Tag der Drangsal, / Jakobs Gott, er
möge dich schützen.*
*3Er sende dir Hilfe vom Heiligtum, / von Zion aus steh er
dir bei.*
*4Er gedenke all deiner Opfer, / dein Ganzopfer finde Gnade
vor ihm.*
*5Er gebe dir, was verlangt dein Herz, / Erfüllung gewähre er
all deinen Plänen.*
*6So werden wir deines Sieges uns freuen, / die Banner erhe-
ben im Namen unseres Gottes; / all deine Bitten erfülle Herr.*
*7Nun weiß ich: Sieg hat der Herr verliehen seinem
Gesalbten, / er hat ihn erhört von seinem heiligen Himmel / in
der Kraft seiner siegreichen Rechten.*
*8Jene sind stark durch Wagen und Rosse;
wir aber im Namen des Herrn, unseres Gottes.*
*9Jene stürzten und brachen zusammen, / wir aber stehen
und bleiben.*

10 *Herr, verleihe dem König den Sieg, / und erhöre uns am Tag, da wir rufen zu dir.*

Zweimal spricht Psalm 20 von Sieg, den er seinem Messias gegeben hat. Noch einmal rühren wir damit an das Thema Gewalt. In den vorausgehenden Betrachtungen ist öfter davon die Rede gewesen, so dass sich Wiederholungen erübrigen.

Zwei Dinge seien aber hinzugefügt. Lehrt uns der Blick auf den gekreuzigten Messias nicht eine andere Art zu siegen? Müssen wir uns vielleicht nicht das Siegen grundsätzlich abgewöhnen? Aufhören, über andere siegen zu wollen – wäre das nicht das messianische Reich des Friedens, nach dem wir uns so sehr sehnen?

Damit wäre dann auch das Zweite gegeben: ein Kriterium, durch das sich Gläubige von Ungläubigen unterscheiden. »Jene sind stark durch Wagen und Rosse; wir aber im Namen des Herrn, unseres Gottes.« Franz von Assisi und die Legende vom Wolf von Gubbio kommt in den Sinn. Da ist eine Stadt, die sich einmauert und sich mit allen zur Verfügung stehenden Waffen gegen den Wolf verteidigen will. Franziskus aber verlässt die Stadt und hat nicht einmal einen Stecken bei sich, um die Angriffe des Wolfes abzuwehren. Er macht einfach das Zeichen des Kreuzes über sich und geht so auf den Wolf zu – und sagt »Bruder«, und der Wolf wird zum Lamm. Das »Raubtier Mensch« kann sich wandeln, wenn er dem »Lamm-Menschen« begegnet, der im Geist des Gekreuzigten unterwegs ist. Was für eine falsche Logik kam doch über das Christentum, als Kaiser Konstantin das Kreuz als Zeichen des bewaffneten Krieges deutete!

Und dann ist da noch der Gedanke des Opfers oder des Ganzopfers. Unsere Zeit ist diesbezüglich sensibel geworden. Braucht Gott wirklich, um uns gnädig zu sein, unsere Opfer? Muss er gnädig gestimmt werden? Solche Gedanken entstammen menschlichen Gottesbildern. In allen Religionen gibt es sie. Aber entsprechen sie wirklich JHWH, der sich uns als Barmherzigkeit und Liebe zeigt? Kommt er nicht immerzu auf uns zu? Entsprechen sie Jesus, der uns einen bedingungslos liebenden Gott zeigt und dies in seinem Tod verewigt: Die Liebe Gottes ist die Vorgegebenheit unseres Lebens. Anheimgabe, Hingabe, Antwort gebende Liebe ist das einzige, was diesem Gott entspricht.

Deswegen können wir jeden Sonntag, ja sogar jeden Tag, wenn wir wollen, diesem österlichen Geheimnis begegnen. Eucharistie, eine große Dankfeier ist angesagt – und die Haltung der Frau, die nicht fragt, wie viel »das Alabastergefäß voll echter, kostbarer Nardensalbe« kostet, das sie zerbricht und über das Haupt Jesu ausgießt (Mk 14, 3). Liebe ist alles, sonst nichts!

Gebet

Gott
Deiner Liebe entsprechen
    ist alles, was ich will
Darum öffne mein Herz
mein Innerstes

Seele, Geist und Leib
damit ich liebe
Darum bitte ich durch Christus unseren Herrn.

35. Psalm 14: Die Gottlosigkeit der einen – bleibende Zuflucht der anderen

*1 In seinem Herzen redet der Tor: Es gibt keinen Gott. / Verderbt
sind sie, ihr Treiben ein Gräuel, / keiner ist da, der noch Gutes
tut.*

*2 Vom Himmel blickt auf die Menschen der Herr, / zu sehen,
ob einer verständig, ob einer Gott suche.*

*3 Doch alle sind abgewichen, alle verdorben, / nicht einer,
der Gutes täte, nicht einer.*

*4 Werden zur Einsicht nicht kommen, die Böses tun, / die
verschlingen mein Volk, als äßen sie Brot, / sie, die nicht rufen
zum Herrn?*

*5 Einmal aber werden sie beben vor Angst, / denn Gott ist im
Bund mit den Frommen.*

*6 Zunichte machen wollt ihr die Pläne des Armen, / der Herr
aber bleibt seine Zuflucht.*

*7 Käme doch von Zion für Israel Heil! / Einst, wenn der Herr
das Los seines Volkes gewendet, / dann wird Jakob frohlocken
und jubeln wird Israel.*

»Gott ist im Bund mit seinen Frommen«, das ist das österliche Glaubensbekenntnis der Juden und der Christen.

Dies freilich in unterschiedlichen Akzentsetzungen. Für die einen ist das messianische Reich eine bloß eschatologische Wirklichkeit: etwas, was nur in der Gestalt der Hoffnung erfahrbar ist und erst noch kommen wird. Für die andern hat es bereits begonnen mit Jesus von Nazaret: es ist schon da, mitten unter uns, und es wird sich endgültig zeigen, wenn der Messias wieder kommt. Für beide aber ist dieser Bundesgott Freude, Zuversicht, Gewissheit. Vor allem die Armen haben in ihm ihre bleibende Identifikationsmöglichkeit: Es ist ihr Gott; die Hoffnung, die ihnen nicht genommen werden kann.

Demgegenüber ist in den Augen der Frommen die ausdrückliche Leugnung Gottes nichts anderes als Dummheit, besonders wenn es sich um einen ethischen Atheismus handelt. Man kennt keine Werte, an die man sich zu halten hat. Die Wahrheit zählt nicht: draufloslügen wird zum Motto, Hauptsache man gewinnt. Die Gerechtigkeit zählt nicht, Raffen und Gieren ist alles. Liebe zählt nicht, Geld und Geltung sind die einzigen Lebensziele.

Heute ist der Atheismus Mode geworden: Es gibt keinen Gott! sagen viele, und reihen Argument an Argument. Es ist oft ein theoretischer Atheismus, ein Verhalten, das sich des Risikos nicht bewusst ist, das damit verbunden ist: Wo ist denn der Halt, wenn es keinen Gott gibt? Glaubt man dann nicht alles und jedes, wenn der Glaube an Gott wegbricht? Ist nicht das absolute Nichts und die umfassende Sinn- und Richtungslosigkeit die Folge. Ein solcher Atheismus müsste die Konsequenzen auf sich nehmen. Wenn er das nicht tut, trifft ihn das Urteil des Psalms: »In seinem Herzen redet der Tor: Es gibt keinen Gott.«

Anders ist das, wenn Gott abgelehnt wird, weil ein gütiger und allmächtiger Gott den Tod des Unschuldigen nicht zulassen kann. Da es aber diesen Tod gibt, kann es diesen Gott nicht geben. Ein solches Denken ist konsequent, logisch, einsichtig. Nur: die Bibel glaubt an einen anderen Gott. Wir haben es gesehen: er geht ein in den Tod des Unschuldigen, ist auf der Seite der Leidenden und Armen, geht nicht nur in das Positive, das Schöne, Gute und Wahre ein, sondern eben auch in das Negative, Verwüstete, Böse, in Tod und Hölle. Er wendet die Not, er wird sie wenden. »Gott steht im Bund mit seinen Frommen.«

Gebet

Gott
Lass mich im Bund mit Dir leben
und verbunden mit Dir wirken
gegen Lüge und Ungerechtigkeit
und lass mich Dich bezeugen
gegen alle Gottlosigkeit
Darum bitte ich durch Christus unseren Herrn.

36. Psalm 111: Halleluja

1 Halleluja! Preisen will ich den Herrn vom Grund meines Herzens / im Rat der Frommen und in großer Gemeinde.

2 Die Werke des Herrn sind erhaben; / würdig, dass man sie liebend ergründe.

3 Sein Walten ist Hoheit und Macht, / und seine Gerechtigkeit währt auf ewig.

4 Seinen Wundern schuf er ein stetes Gedächtnis, / milde ist der Herr und barmherzig.

5 Denen, die ihn fürchten, sandte er Speise, / auf ewig wird er seines Bundes gedenken.

6 Kundgetan hat er dem Volk die Macht seiner Werke: / er gab ihm das Erbe der Völker.

7 Das Wirken seiner Hände ist Treue und Recht, / unwandelbar sind seine Befehle,

8 gültig für immer und ewig, / gegeben in Kraft und Gerechtigkeit.

9 Erlösung hat er seinem Volk gesandt, / seinen Bund geschlossen auf immerdar, / heilig und hehr ist sein Name.

10 Die Furcht des Herrn ist Anfang der Weisheit; / weise sind, die beharrlich sie üben. / Der Ruhm des Herrn wird bleiben in Ewigkeit.

Über dem ganzen Psalm ruht der Hauch der Ewigkeit: »für immer und ewig« ist alles, was Gott wirkt! Die Herrlichkeit Gottes, sein Glanz ist seinem Volk offenbar; sein Gewicht wird sich auch den andern Völkern zeigen. Der Bund der Erlösung ist geschlossen auf immerdar.

Dieser Hauch der Ewigkeit will sich hineinsenken in das Beten und Glauben, in die Freude und den Jubel des Gottesdienstes.

Darum ist das Alleluja das erste und letzte Wort vieler Psalmen. Das österliche Geheimnis soll allgegenwärtig sein, für immer und ewig. Dieses Wort ist unübersetzt geblieben bis heute, obwohl es einen konkreten Sinn hat: Preist Gott! müsste es heißen. Aber dann würde man gerade die Absicht verfehlen, die hinter dem Wort steht. Denn der Gottesname JHWH wird in der Endsilbe des Wortes bloß angedeutet, nicht aber aus-gesagt. Man kann eben nur hinweisend, nicht aber aus-sagend von diesem Geheimnis sprechen. Man kann sich nur ganzheitlich, existenziell auf dieses österliche Geheimnis hinbewegen, hineintanzen, hintasten, hineinsingen. Unübersetzt gleicht dieses Wort einem Mantra: immer wieder derselbe Klang, immer wieder die gleichen Töne melodisch ausformen und sich so erheben, hinaufziehen und einschwingen lassen in das österliche Geheimnis.

Zwei Worte sind noch besonders hervorzuheben: »Gedächtnis« und »Furcht des Herrn«. Gedächtnis ist eines der wichtigsten Worte des geistlichen Menschen. Im Gedächtnis wird das Vergangene in die Gegenwart hineingeholt und für die Zukunft aufbewahrt. Freilich ist dieses Gedächtnis in der Auffassung des Gläubigen weniger eine Leistung des Menschen, der sich willentlich und entschieden an etwas Vergangenes erinnert. Es ist vielmehr eine Tat des lebendigen Gottes selbst, der sich in Erinnerung ruft, der sich vergegenwärtigt, der das Vergangene aktualisiert im Hier und Jetzt. Der Mensch geht nicht in Gedanken zurück in die ferne Vergangenheit, sondern Gott, der dieses oder jenes in der Vergangenheit gewirkt hat, bringt sich gerade mit diesem Vergangenen zur Geltung. Gott verheutigt seine Geschichte mit den Menschen, das Vergangene ist das Heute. Das ist das Geheimnis der Liturgie, dass Gott sich als österliches Geheimnis zeigt. Und mit froher Zuversicht singen wir uns mit dem Alleluja in diese Gegenwart hinein.

Das zweite Wort ist die »Furcht des Herrn« (vgl. Betrachtung 18). Hier wird sie als »Anfang der Weisheit« bezeichnet. Dieses Wort verbietet die Kumpanei mit Gott. Dieser ist der Ganz-Andere; er steht nicht zur Verfügung; man kann ihm nicht mit einem Knopfdruck begegnen; er unterscheidet sich immer von unseren Erwartungen und Vorstellungen. Dieses Gespür für Distanz und Transzendenz muss unser Beten und Feiern durchziehen, auch wenn wir uns gewiss sind, dass der Ganz-Andere der Ganz-Nahe ist.

Gebet

Gott
Stimm Du das Alleluja an
wenn wir uns verkriechen wollen
Bringe Du Dich zur Geltung in unserer Mitte
wenn wir uns abmühen
Lehre Du uns das Verhalten, das Dir angemessen ist
Darum bitten wir durch Christus unseren Herrn.

[1]*Seht, wie ist es lieblich und gut, / wenn Brüder beisammen wohnen in Eintracht.*

[2]*Es ist wie köstliches Salböl, / ausgegossen auf dem Haupt des Aaron, das niederträufelt vom Haupt zum Bart, / das niederträufelt zum Saum seines Gewandes.*

[3]*Es ist wie Tau auf dem Hermon, / wie Tau, der niederfällt auf den Zion.*

Denn dorthin entbietet Segen der Herr / und Leben in Ewigkeit.

»Das Göttliche kann sich im Einzelnen erwecken, kann sich aus dem Einzelnen offenbaren, aber seine wahre Fülle erlangt es je und je, wo [...] Einzelwesen sich einander öffnen, sich einander mitteilen, einander helfen, wo Unmittelbarkeit sich zwischen den Wesen stiftet." Dieses Wort M. Bubers entspricht wohl am besten der Absicht dieses Psalms, ja, der ganzen Bibel.

Natürlich geht es auch der Bibel um das Schicksal des Einzelnen, aber noch viel mehr um eine soziale Wirklichkeit, um neue Beziehungen untereinander: Der andere wird zum Antlitz des Ganz-Anderen, zum Zeichen des sich nähernden Gottes; ich selbst werde dem anderen der andere, für den sich der andere öffnet. Und damit wird Gott zur vermittelnden Instanz, zur Brücke, zum Band, zum Grund von Begegnung, Freundschaft, Gemeinschaft. Kein Wunder sagt Aelred von Rieval in seinem Buch über die Freundschaft zu Ivo, seinem Freund:

Ps 133 »Hier sind wir beide, ich und du, und ich hoffe, als dritter ist Christus bei uns. Nichts stört, nichts unterbricht unser Gespräch. Kein Laut, kein Ruf dringt in diese selige Einsamkeit. Nun denn, mein Lieber, öffne dein Herz, lass die Ohren deines Freundes hören, alles, was du sagen möchtest …« Wo Gott als der Ganz-Andere gesucht wird in der Begegnung mit dem andern, entsteht wahre Intimität, tiefe Beziehung, echte Begegnung.

Das Zusammenwohnen in Eintracht ist denn auch der Inbegriff göttlicher Präsenz. Das messianische Öl träufelt nieder vom Haupt zum Bart und von da weiter zum Saum des Gewandes. Die ganze Gemeinschaft ist voll der messianischen Segnungen. Hier zeigen sich alle Möglichkeiten wahrer Gemeinschaft. Eintracht ist ihr Markenzeichen: eine gemeinsame Sinn- und Zielrichtung, der verbindende Blick auf die messianischen Erfahrungen und Verheißungen, das miteinander gesungene Lob auf den Gott unserer Geschichte.

Deswegen ist die *Kahal* (hebräisch: Versammlung), die *Ekklesia* (griechisch: Versammlung), die Gemeinde Gottes, die Gemeinschaft des Auferstandenen nicht etwas, was zur Spiritualität des Einzelnen hinzukommt. Das Zusammenkommen und Zusammenwohnen ist dieser Spiritualität eingestiftet. Wer gesalbt ist mit dem messianischen Öl muss sich einigen, verständigen, muss mit anderen zusammenspielen und den Einklang mit ihnen suchen. »Denn es gibt keinen Lobgesang, wo kein Friede ist. Und es gibt auch keinen Frieden, wo es keine Befolgung der göttlichen Weisung gibt« (Bonaventura).

Diese Zusammenhänge von Gebet und Beziehung, von Gottesbezug und Gemeinschaft gilt es heute wieder zu entdecken. Denn allzu sehr sind wir der isolierten und privaten Sichtweise verfallen. Gerade deshalb beten wir oft so weltfremd, geschichtslos und vor allem ohne messianische Leidenschaft. Ps 133

Gebet

Gott
Zeige dich mir
im Antlitz des anderen
in der Begegnung mit Brüdern und Schwestern
im Zusammenleben und Zusammenwohnen
Darum bitte ich durch Christus unseren Herrn.

38. Psalm 122: Frieden für Jerusalem

1Voll Freude war ich, da sie mir sagten: / Wir ziehen zum
Hause des Herrn!
2Schon treten unsere Füße / in deine Tore, Jerusalem.
3Jerusalem, du Stadt, so herrlich erbaut, / fest gefügt und
geschlossen.
4Dorthin ziehen die Stämme hinauf, die Stämme des Herrn,
/ nach Israels Gesetz, den Namen des Herrn zu lobpreisen.
5Aufgestellt sind dort die Throne der Richter, / die Throne
des Hauses David.
6Erfleht für Jerusalem, was ihm dient zum Frieden! / Allen,
die dich lieben, ergehe es wohl!

7*Friede herrsche in deinen Mauern, / Sicherheit in deinen Palästen!*
8*Ich rufe wegen meiner Brüder und Freunde: / Über dich komme Friede.*
9*Ich flehe wegen dem Haus des Herrn, unseres Gottes: / Segen sei dir beschieden.*

Für jene, die sich auf eine Wallfahrt begeben, ist das eine einzige Freude. Schon vorher steckt sie einen an, man wird fiebrig: Wir werden zum Haus des Herrn ziehen! Alles, was man auf den Tag der Abreise hin vorzubereiten hat, wird mit intensiver Freude begleitet. Am Tag der Abreise selbst ist das Ziel schon dermaßen präsent, dass er oft mit erregter Freude gestaltet wird. Jeder Schritt auf dem Weg ist bereits eine Vorwegnahme des Zieles, und je mehr man sich ihm nähert, umso intensiver wird die Freude. Wenn gar das Ziel ins Blickfeld gerät, bleibt man stehen; man richtet sich auf, fühlt sich größer; der gerade Rücken ist fühlbar, die Seligkeit zieht ins Herz, jener Zustand, den der Anblick des Zieles bewirkt.

Ein solcher Zustand wird auch in der Begegnung mit Jesus erreicht, und schon hört man: Selig seid ihr! Arme, Traurige, Ausgebeutete, ungerecht Behandelte, Verfolgte, Friedfertige, Gewaltlose, um Gerechtigkeit Kämpfende, selig seid ihr! Die Bergpredigt verkündet die Vollendung der messianischen Ziele in der Person des Messias.

Ähnliches geht vom Berg Zion und der Stadt Jerusalem aus. Das ist der Ort, an dem die messianischen Verheißungen erfahrbar werden. »Stadt des Friedens« soll

Jerusalem sein, will Jerusalem symbolisch darstellen. Da dieses Symbol immer wieder hinter der Verheißung zurückbleibt, beginnt man vom »himmlischen Jerusalem« (Gal 4,21–31; Phil 3,20; Hebr 11,10–16; 12,22–24; 13,14; Offb 3,12; 21) zu sprechen. Dort wird morgen endgültig verwirklicht und erfahrbar sein, was Jerusalem heute verdichtet und anzeigt.

Durch alle Jahrhunderte hindurch war die historische Stadt Jerusalem für Juden und Christen eine Art »Sakrament«: da durfte man geistiger Weise allen messianischen Verheißungen begegnen, ja, man konnte sie hier empfangen: Schalom: Frieden, Heil, Unversehrtheit, Befreiung von Unglück und Ungerechtigkeit, Gesundheit, Wohlfahrt und Ruhe. Schalom – das ist der Inbegriff für jenen vollendeten Zustand, der alle selig macht: Alle Sehnsucht ist erfüllt, Geist, Seele und Leib – hineingehoben in die Lebensfülle Gottes, und zwar nicht nur der Einzelne, sondern jedes Geschöpf: Mensch, Tier, Pflanze, Materie.

Man spürt es dem Gebet an, dass die Begegnung mit der konkreten Stadt nicht ganz den Erwartungen und Vorstellungen entspricht. Schon damals, aber erst heute, wo sich die drei Religionen in den Haaren liegen, wo sie sich einen müssten zum Lob des einen Gottes. Darum muss mehrfach und immer wieder um diese alles umfassende Gabe des Friedens für diese Stadt gebetet werden.

Jedenfalls soll man von der Wallfahrt zurückkehren können mit dem Frieden im Herzen, weil man etwas von der Endgültigkeit erahnt hat, die in der Stadt symbolisiert werden will: Friede mit sich selbst und der eigenen Geschichte: wie unversöhnt können wir doch mit uns selbst leben: Versagen, Grenzen, Enttäuschungen, Schuld! Und wie wichtig ist es doch, mit sich selbst ins Reine zu kommen! Friede mit den Menschen, mit denen man zusammen lebt: wie wenig tun wir doch, um die Konflikte, die die menschlichen Beziehungen notwendiger Weise mit sich bringen, im Geist des Friedens und der Versöhnung zu gestalten! Frieden mit den anderen, den Nachbarn, der Gemeinde, dem eigenen Land, den anderen Völkern, mit der ganzen Schöpfung: Wie schön könnte es sein, wenn wir im Einverständnis mit allem leben könnten! Frieden mit Gott: Was für ein Glück könnte es doch sein, wenn der Friede so grundsätzlich wäre, dass uns nichts mehr von Gott trennt.

So könnte die Wallfahrt nach Jerusalem zu einem täglichen Bedürfnis werden, zu einer inneren Übung, in der sich unser Alltag an das messianische Ziel bindet, das bereits innergeschichtlich da ist, das aber freilich andererseits immer noch weit weg ist.

Gebet

Gott
Versöhne mich
  mit mir selbst
  mit meinem Nächsten
  mit allem, was ist
in Christus unserem Herrn.

39. Psalm 135: Aufforderung zum Lob

1*Halleluja! Lobt den Namen des Herrn, / lobpreist ihn, ihr Diener des Herrn,*

2*die ihr steht im Hause des Herrn, / in den Hallen unseres Gottes.*

3*Lobt den Herrn, denn der Herr ist gut, / lobsingt seinem mildreichen Namen.*

4*Denn der Herr hat sich Jakob erkoren, / zu Eigen nahm er sich Israel.*

5*Dieses weiß ich: Groß ist der Herr, / größer unser Gott als alle die Götter …*

13*Dein Name, o Herr, wird bleiben in Ewigkeit, / dein Gedächtnis, o Herr, von Geschlecht zu Geschlecht.*

14*Denn der Herr behütet sein Volk, / seiner Knechte erbarmt er sich.*

15*Der Völker Götter sind Silber und Gold, / gebildet von Menschenhand.*

16*Sie haben einen Mund und können nicht reden, / sie haben Augen und sehen nicht.*

17*Sie haben Ohren und können nicht hören, / in ihrem Mund ist kein Atem.*

18*Ihnen gleichen, die sie gebildet haben, / und jeder, der ihnen vertraut …*

21*Der Herr sei gepriesen von Zion aus, / er, der wohnt in Jerusalem. Halleluja!*

Das messianische Reich Gottes hat innerweltlich sein Symbol: im Ersten Testamen ein lokales, Jerusalem und

Ps 135 der Berg Zion; im Neuen Testament ein personales, Jesus von Nazaret. Dieses Symbol oder besser »Sakrament der Gegenwart Gottes und seiner Verheißungen« ist anhaltender Grund, Gott anzubeten, ihm zu jubeln, vor ihm zu tanzen und immerzu vor ihm zu spielen und zu singen.

In diesem Psalm zeigt sich auch etwas, was wir bei unseren Diskussionen über Gott und die verschiedenen Religionen kaum beachten. Der Bibel geht es eigentlich nie um die Abgrenzung von anderen Religionen. Sie stellt nicht die Frage, was es mit Shiva, Allah oder wie immer der Gott anderer Religionen heißen mag, auf sich hat. Dieser Psalm unterscheidet zwischen dem unvorstellbaren Gott, der befreiend in der Geschichte wirkt, und den vielen selbstgemachten Göttern, die weder angerufen werden noch sprechen können. Man kann das Auto zwar anbeten, aber es nimmt den Menschen eher gefangen, als dass es ihn befreit. Man kann zwar nichts anderes kennen wollen als das Geld, aber es unterdrückt die Neigungen des Herzens. Ihre Wirkweise ist die des Todes, während JHWH lauter Leben zeugt.

Erschütternd ist die Feststellung, dass jemand dem selbsthergestellten Gott immer mehr gleicht. Ein Geldmensch – welche Karikatur des Menschen und seiner Möglichkeiten: herzlos, unbarmherzig und kalt. Ein Autonarr – ein Automat, der kaum Sympathie, Empathie und Liebe zeigen kann. Ein Nationalist – aber welchen Stellenwert im Denken und Fühlen hat für ihn der Fremde, der Flüchtling? Der Kult des Körpers – wo aber bleibt die Seele, der Geist?

Wenn dem so ist, darf man vielleicht auch umgekehrt sagen: wer JHWH und seinen Messias verehrt und ihm zujubelt, wird ihm immer mehr gleichen: Franz von Assisi, der sich mit den Armen solidarisiert, ist für diese wie ein Echo auf den Gottesnamen: Er ist ganz und gar mit Leib und Seele *da*; Teresa von Kalkutta ist unter den Sterbenden der indischen Großstadt der verlängerte Arm Gottes. Alle Heiligen werden etwas von diesem großartigen Gott ansichtig machen.

Auch hier wird der Zusammenhang deutlich, der in der ganzen Bibel immer wieder erkennbar ist: Mystik und Ethik gehören zusammen. Die ekstatische Anbetung Gottes wird aus ihrer Mitte heraus zu einem neuen Handeln führen. Wer Gott in seinen messianischen Verheißungen erfährt und feiert, wird sich in den Dienst nehmen lassen für Frieden, Gerechtigkeit und Lebensfülle. Das »Gedächtnis« wird zur Kraft der Hände und Füße. »Gott hat keine anderen Hände als die unseren.«

Gebet

Gott
Nimm mich hinein
in das große Halleluja, in das Lob
das Dir seit Jahrhunderten dargebracht wird
Wandle mich
Kräftige mich
Und Deine Verheißungen werden Tat und Wahrheit
durch Christus unseren Herrn.

40. Psalm 139: Allgegenwart

[1]Herr, du erforschest mich und du kennst mich. / [2]Wenn ich
sitze und wenn ich stehe, du weißt es. / Meine Gedanken
schaust du von ferne,
[3]du schaust mich, wenn ich gehe und ruhe; / all meine Wege
sind dir vertraut.
[4]Ehe noch auf der Zunge das Wort liegt, / siehe, Herr, schon
weißt du um alles.
[5]Von rückwärts und vorne schließt du mich ein / und du
legst auf mich deine Hand.
[6]Wunderbar ist solches Wissen für mich, / zu hoch, ich
kann es nicht begreifen.
[7]Wohin soll ich flüchten vor deinem Geist, / wohin vor deinem Antlitz entfliehen?
[8]Stiege ich zum Himmel empor, so bist du zugegen; / wollte
ich in der Unterwelt lagern, so bist du auch dort.
[9]Wollte ich Flügel mir leihen vom Morgenrot / und ließe
mich nieder am fernsten Gestade,
[10]auch dort noch wird deine Hand mich geleiten / und halten mich deine Rechte.
[11]Und sagte ich auch: Es soll mich Finsternis bergen / und
Nacht mich umgeben, wie sonst das Licht,
[12]so ist doch Finsternis selbst nicht dunkel für dich, / Nacht
ist dir hell wie der Tag, / das Dunkel ist vor dir wie das Licht.
[13]Du hast gebildet mein Innerstes; / du hast mich im Schoß
meiner Mutter gewoben.
[14]Ich preise dich, dass ich geschaffen bin so wunderbar, /
dass wunderbar all deine Werke …

Es gibt keinen Ort, der gottlos wäre; es gibt im ganzen Universum kein Land, in dem ich ohne Gott leben könnte. Er ist immer schon dort, bevor ich hinkomme. Ich kann nicht aus Gott heraustreten: Er ist um mich, in mir, unter mir, über mir, hinter mir, vor mir. Ps 139

Eines Tages hört Angela von Foligno, die große franziskanische Mystikerin, schmeichelhafte Worte vom Heiligen Geist. Deshalb reagiert sie: »Wenn du der Heilige Geist wärest, würdest du nicht so zu mir sprechen, das ist nicht angemessen. Ich bin ein zerbrechliches Wesen, und ich könnte darüber doch eitlen Ruhm suchen.« Darauf antwortete er: »Versuche nur, ob du wegen dieser Worte eitel und aufgeblasen werden kannst, tritt aus diesen Worten heraus, wenn du kannst.« Und sie fährt fort: »Da begann ich mit dem Versuch, eitel sein zu wollen, um zu sehen, ob seine Worte wahr sind und ob er der Heilige Geist ist. Und mein Blick schweifte über die Rebberge, um dem Wort zu entkommen und mich seiner Rede zu entziehen. Aber wohin ich auch schaute, er sagte mir: ›Das alles ist doch meine Schöpfung!‹«

Gott ist ein Gott des Exodus, und Exodus ist ein Lebensprogramm. Jedoch betrifft es nicht das Geheimnis Gottes: Aus Gott kann man nicht ausziehen, nicht einmal ausziehen wollen. Gott ist der Raum, in dem ich mich bewege. Ein Außerhalb gibt es nicht.

In den chassidischen Erzählungen Martin Bubers findet sich ein Gebet, das in seiner Knappheit unübertroffen ist und den Inhalt dieses mystischen Psalms zum Ausdruck bringt:

Ps 139 Wo ich gehe – du!
Wo ich stehe – du!
Nur du, wieder du, immer du!
Du, du, du!

Ergeht's mir gut – du!
Wenn's weh mir tut – du!
Nur du, wieder du, immer du!
Du, du, du!

Himmel – du, Erde – du!
Oben – du, unten – du!
Wohin ich mich wende, an jedem Ende
Nur du, wieder du, immer du!
Du, du, du!

VERWIESENE LITERATUR

Aelred von Rieval, Über die geistliche Freundschaft, Trier 1978

Berger, B. Das Neue Testament und frühchristliche Schriften, Frankfurt/Main 1999

Bonaventura, Collationes in hexaemeron – Das Sechstagewerk. Lateinisch und Deutsch, Coll I, 2, Darmstadt 1964 [64]

Buber, M., Der heilige Weg, in: Reden über das Judentum, Frankfurt/M. 1923

Buber, M., Die Erzählungen der Chassidim, Zürich 1949 [342]

Geis, R. R., Vom unbekannten Judentum, Freiburg 1961

Gronemeyer, M., Genug ist genug! Von der Kunst des Aufhörens, Darmstadt 2008 [26]

Rotzetter, A., Liebe – allem Leid entrissen. Franziskanische Mystik, Mainz 1998

Schmitt, E.-E., Der Besucher, Lengwil 1997

Spaemann, H., Was macht die Kirche mit der Macht? Freiburg 1993

Zundel, M., L'Évangile intérieur, Édition Saint-Augustin 1977 [19–20]

Lieber Leser, liebe Leserin,

»bibel leben« – das ist der Name einer Folge von Büchern im Verlag Herder, deren Name zugleich Programm ist. Vierzig Leseimpulse mit Texten aus der Bibel, mit entsprechenden Erklärungen und Anregungen, die biblischen Aussagen in das eigene Leben zu übertragen. »bibel leben« ist die Einladung, sich mitten im Alltag eine Auszeit zu nehmen, um sich auf das zu besinnen, was wirklich wichtig ist – damit Neues werden kann.

Die Grundidee wird für alle Bücher, die mit »bibel leben« überschrieben sind, gleich bleiben. Und doch werden sie sehr verschieden sein: Dem einen Buch liegt ein Evangelium oder ein Apostelbrief aus dem Neuen Testament zugrunde, einem anderen eine wichtige Erzählung oder kleine Prophetenschrift aus dem Alten Testament. Dann mag eine biblische Gestalt wie der Prophet Elija im Mittelpunkt stehen – oder die Tiere in der Bibel sind der rote Faden. Jeder Verfasser, Mann oder Frau, Priester, Mönch oder Laie, hat seinen eigenen Stil, seinen je eigenen Zugang. Allen Büchern von »bibel leben« gemeinsam ist es, dass sie Lust machen wollen an der Bibel, dass sie zugleich Verständnishilfen sein wollen für die biblischen Schriften wie auch Anregungen dazu geben wollen, was die biblische Botschaft für das je eigene Leben bedeuten kann. Bei aller Verschiedenheit wird die Auswahl der Themen die zentralen Botschaften des Alten und Neuen Testamentes umgreifen.

Jedes Buch von »bibel leben« wird in vierzig Leseportionen eingeteilt sein. Die Zahl »40« hat in der Bibel eine gute Tradition: Bei der Sintflut regnet es vierzig Tage, vierzig Jahre dauert die Wanderung des Volkes Israel durch die Wüste, vierzig Jahre regiert König David das Volk – und Jesus zieht sich vor seinem ersten öffentlichen Auftreten für vierzig Tage in die Wüste zurück, um zu fasten und zu beten.

Sie können die vierzig Leseportionen an vierzig Tagen lesen. Vierzig Tage sind auch heute eine gute Besinnungszeit. Die Fastenzeit als Vorbereitung auf Ostern dauert vierzig Tage – und auch in der Trauerarbeit bedeutet dieser Zeitraum einen wichtigen Abschnitt, der anzeigt, dass eine erste Phase der Trauer vorbei ist, früher wurde dies im »Sechs-Wochen-Amt« öffentlich gefeiert. Es scheint, als ob die »40« für all diejenigen wichtig sein könnte, die etwas zu Ende bringen wollen, um etwas Neues anzufangen; für all diejenigen, die sich über etwas in ihrem Leben klar werden wollen …

Sich selbst eine Zeit zu gönnen, um Bilanz zu ziehen, Perspektiven zu entwickeln, sich neu zu orientieren – warum eigentlich nicht? Manchmal ist es notwendig, um nicht im Alltag unterzugehen, um sich selbst wieder zu finden. Und warum dann diese Zeit nicht mit Impulsen aus der Bibel gestalten? Mit Impulsen aus dem Buch, das jahrtausendealt ist und doch uns Menschen immer noch etwas zu sagen hat? Weil in diesem Buch, oder diesem »Buch der Bücher«, ein uraltes Menschheitswissen aufgeschrieben ist, das gültig ist unabhängig von Zeit und Kulturraum – wenn man es recht zu lesen versteht.

Die Bücher von »bibel leben« sind so konzipiert, dass man sie für sich alleine lesen kann – und auch dann noch verstehen kann, wenn man nicht Theologie studiert hat. Aber man kann sie genauso gut als Grundlage nehmen, um sich mit anderen zusammen auf den Weg zu machen, sei es bei »Exerzitien im Alltag« in einer Gemeinde oder bei einem Bibelkreis oder vielleicht sogar als Einstiegsimpuls bei regelmäßigen Sitzungen eines Teams.

- »bibel leben« – um sich neu auf den Weg zu machen.
- »bibel leben« – um sich zu orientieren, neue Perspektiven zu entwickeln.
- »bibel leben« – um aus dem Glauben heraus neu das Leben zu lernen.

Mehr wollen wir mit dieser Buchreihe nicht – aber auf keinen Fall weniger...

Danken möchte ich allen Autoren und Autorinnen, die sich zu einer Mitarbeit bei »bibel leben« bereit erklärt haben – und Dr. Ulrich Sander, der das Projekt seitens des Verlags Herder begleitet.

Und ich bin sehr gespannt auf »bibel leben«

»BIBEL LEBEN«
DIE GEISTLICHE SCHRIFTLESUNG
IM VERLAG HERDER

PAUL DESELAERS / DOROTHEA SATTLER

Es wurde Licht

Die Botschaft der biblischen Schöpfungstexte

ISBN 978-3-451-28741-1

PAUL DESELAERS / DOROTHEA SATTLER

Gottes Wege gehen

Die Botschaft von Abraham und Sara

ISBN 978-3-451- 29299-6

ALBIN KRÄMER

Frei sollt ihr sein!

Die Botschaft des Buches Exodus

ISBN 978-3-451-28742-8

ANDREA SCHWARZ

Propheten sind wir alle

Die Botschaft des Buches Jona

ISBN 978-3-451-29236-1

HUBERTUS BRANTZEN

Wer bin ich für euch?

Die Botschaft von Jesus nach dem Markusevangelium

ISBN 978-3-451-28954-5